100% PRESENTE

Diretora
Rosely Boschini

Gerente Editorial
Rosângela Barbosa

Editora Assistente
Audrya de Oliveira

Controle de Produção
Fábio Esteves

Projeto Gráfico e Diagramação
Vivian Oliveira

Capa
Anderson Junqueira

Foto de capa
Daniel Romão

Edição de Conteúdo
Joyce Moysés

Preparação
Vero Verbo

Revisão
Andréa Bruno

Impressão
Santa Marta

Copyright © 2019 by Joel Moraes
Todos os direitos desta edição são
reservados à Editora Gente.
Rua Deputado Lacerda Franco, 300 – Pinheiros
São Paulo, SP – CEP 05418-000
Telefone: (11) 3670-2500
Site: www.editoragente.com.br
e-mail: gente@editoragente.com.br

Dados Internacionais de Catalogação na Publicação (CIP)
Angélica Ilacqua CRB-8/7057

Moraes, Joel
    Esteja, viva, permaneça 100% presente: o poder da disciplina, do foco
e dos mini-hábitos para conseguir realizar seu potencial máximo / Joel
Moraes. -- São Paulo: Editora Gente, 2022.
    224 p.

ISBN 978-85-452-0348-3

1. Sucesso 2. Autorrealização 3. Autoconhecimento 4. Técnicas de
autoajuda I. Título

19-1624   CDD 158.1

Índice para catálogo sistemático
1. Técnicas de autoajuda

**Este livro foi impresso pela gráfica
Santa Marta em papel pólen bold 70g
em abril de 2025.**

Dedico este livro ao meu maior mentor, amigo e professor:
meu pai, Joel Moraes (em memória).

AGRADECIMENTOS

Muitas pessoas fizeram parte da construção desta obra de trabalho e de vida. Agradeço inicialmente aos meus pais, Joel e Izaura, por nunca terem desistido de mim, mesmo nos momentos mais difíceis da minha vida. Aos meus irmãos, Vanina e Marcel, pelo amor, pelo apoio e por entrar em todas as barcas comigo – até nas furadas. Agradeço à Larissa (Lalas) pela parceria, pela paciência e por fazer tudo parecer mais leve ao seu lado.

Profissionalmente, eu fui influenciado e treinado por muitas pessoas. Meus sinceros agradecimentos aos professores e mentores de vida, João Carlos Teixeira e Alberto Klar; sem vocês os passos inicias teriam sido muito mais difíceis. Aos amigos e ex-chefes da época de Instituto Neymar, Neymar (pai), Altamiro Bezerra e Benício Santos. Aprendi os elementos mais importantes sobre liderança ao seu lado. Vocês são especiais.

Meus singelos agradecimentos ao amigo e mentor Conrado Adolpho, a quem devo muito por tanto conhecimento, orientação e amizade. E ao amigo Ricardo Jordão, que me acelera, me dá coragem e me tira da zona de conforto como um treinador, mas com o carinho de um irmão mais velho.

Ao amigo e irmão Thiago Nigro por elevar meus padrões, prefaciar este livro e me ensinar que existe felicidade e triunfo numa vida corajosa, além de, óbvio, me ensinar os pilares da riqueza.

E, por fim, à Rosely Boschini, por acreditar em mim e neste projeto desde a primeira vez que eu o apresentei a ela. Obrigado por me deixar preparado, na hora certa, para este momento e eternizar este livro com maestria.

Aos meus seguidores do desafio DNAJOELJOTA que estão registrados no final deste livro e para os que também não estão, meu profundo respeito e admiração para toda a eternidade.

Joel Moraes

SUMÁRIO

9 PREFÁCIO – THIAGO NIGRO

13 INTRODUÇÃO

20 1. NADAR NO VAZIO, MORRER NA PRAIA E SE CULPAR

38 2. O QUE FAZ QUEIMAR A LARGADA

4 3. ESTEJA 100% PRESENTE

86 4. AUTOANÁLISE – VOCÊ NADA A FAVOR DA MARÉ?

12 5. AÇÃO IMEDIATA

30 6. MENTALIDADE ADEQUADA

54 7. TREINAMENTO

76 8. CONSISTÊNCIA

196 9. FIQUE GIGANTE E CONTINUE ASSIM

206 CONCLUSÃO. LIBERDADE, PERFORMANCE E VIDA PLENA

PREFÁCIO

No dia 13 de maio de 2017, fiz uma viagem até Santos para realizar um sonho: palestrar no meu primeiro TED, com meus 26 anos de idade.

Depois da minha vez, resolvi investir um tempo conhecendo os outros palestrantes e, no almoço, conheci um cara chamado Joel. Ele era o único que não tinha pedido cerveja, massa ou algo realmente pesado, e eu achei estranho:

— Por que você não está pedindo nada?

— Eu estou focado. Até a minha palestra, é só comida leve e água.

Nessa hora, soube que tinha algo diferente ali naquele cara, porque notei que ele não fazia isso por nervosismo ou preciosismo. Estava calmo e focado, tinha firmeza na voz. Adiei minha volta para São Paulo só para assistir ao que ele tinha a dizer. No final do discurso, eu estava impressionado. Naquele dia, começamos um relacionamento de valor para ambos.

Ele lia muito, tinha foco, cuidava da saúde e sempre fazia as perguntas certas. Porém o conhecendo melhor, vi que tinha algo estranho: ele não estava rico. Ganhava dinheiro – muito mais que a média –, mas não era rico.

Quase um ano depois, recebi uma mensagem dele no celular:

— Nigro, como você me define em uma palavra?

— Desperdício.

Na minha cabeça, imaginava um motor de Ferrari operando num Fusquinha. Era muita capacidade para o que estava acontecendo. Faltava escala e velocidade.

Porém, nunca existiu mimimi em nossa relação. Eu sempre fui duro com ele, pois sabia que ele seria coerente – às vezes até demais! Aproximadamente um ano depois, ele ficou rico. Escalou seus negócios, impactou o Brasil, e está só começando. Sinto que o Joel se preparou a vida inteira para lançar este livro que você está lendo.

Não fui o único que o ajudou: ele mudou completamente minha maneira de enxergar o mundo, agir e pensar. Hoje, é um grande irmão para mim e faz parte do meu pequeno ciclo de pessoas nas quais confio do modo mais puro.

Sempre que o apresento a alguém, digo a mesma coisa: "O Joel é meu irmão. Um grande mentor. Palestrante incrível e tem mais de oitocentas medalhas na natação!".

Já viajamos juntos, passamos por bons – e péssimos – momentos, vivemos fortes emoções, e sou prova viva do que ele pode fazer por alguém. Devore este livro, mas não se esqueça de o colocar em prática!

Ah, o que eu mais devo ter ouvido da boca dele é que "O sucesso é treinável". Acredite: ele me mostrou que de fato é. Nem imagino onde o Joel vai chegar, mas tenho certeza de que deixará um legado incrível para a humanidade.

Boa leitura!

Thiago Nigro,
fundador do canal O primo rico
e autor best-seller

APRESENTAÇÃO

Joel, enquanto atleta, foi uma pessoa muito simpática, determinada e focada na natação. Tive algumas experiências interessantes competindo contra ele e a mais intrigante foi realmente um revezamento onde algo curioso aconteceu:

O Joel participou de um revezamento pela Unisanta, contra o Fernando Scherer e eu. Nós nunca tínhamos nadado juntos em um clube no Brasil, ou seja, era algo inédito. Estávamos muito confiantes e a chance de eu perder era mínima. Para a minha surpresa, a Unisanta venceu, e logo com quem nadando? Joel Moraes.

O Joel foi fundamental para a vitória da Unisanta e mostrou toda a sua dedicação defendendo seu time. Hoje continua a fazer isso em sua vida, com conhecimento, foco e muita disciplina. Esses três pontos são fundamentais para qualquer atleta, e Joel representa tudo isso.

Gustavo Borges,
medalhista olímpico, palestrante motivacional,
e apaixonado por esportes

INTRODUÇÃO

16

PESSOAS PRECISAM DE PESSOAS

Começo este livro com a clareza de dizer: eu não nasci pronto. Não nasci sabendo qual era meu dom nem meu talento. Ninguém nasce pronto para nada. Esse é o ponto de partida para tudo o que vamos discutir nas próximas páginas.

Trago uma proposta importante: tratar do talento que está por trás do talento. E treiná-lo diariamente, estando 100% presente, até atingir o sucesso com que você sonha – e ninguém poderá arrancar isso de seu peito, de seu nome, de sua história.

Para quem está tendo dificuldade de conquistar vitórias e quer melhorar, mas não tem conseguido absorver tanta informação, quero que olhe para minha evolução como atleta. Saiba que está lendo a história de um cara que começou a vida pulando na água desengonçado e se tornou um dos melhores nadadores do mundo em 2005.

Só não espere de mim facilidades! Vou mostrar os contínuos desafios que encarei. E, se você acha que vai virar o jogo de sua vida rapidinho, quero avisar que está muito enganado. Porque não funciona assim. E eu presenciei isso.

Fui esportista, nadador de seleção brasileira e, durante as duas primeiras décadas de vida, convivi com os melhores do mundo. Eu me tornei um dos melhores do mundo no esporte. Hoje, não sou mais atleta de competições internacionais, mas trabalho e convivo com vencedores. Sou mentor de vida e de negócios e faço pessoas comuns virarem atletas de ALTA performance de suas vidas e de seus negócios.

Tudo que eu compartilhar nestas páginas sobre comportamento e mentalidade de campeão tem muito a ver com as inquietações práticas e urgentes daqueles que buscam ter sucesso na carreira, especialmente no empreendedorismo, mas estão sofrendo. Sim, sofrimento é a palavra.

Vou explicar qual foi o método que me fez um vencedor. Se você colocá-lo em ação, ele vai mudar seus resultados. Eu tenho certeza de que conseguimos ter desempenho máximo estando 100% presentes. No ambiente, nas atitudes, no propósito, alcançando seu objetivo com uma série de ferramentas que vou detalhar neste livro, como esforço inteligente, reforço positivo, mini-hábitos, gamificação, princípios de intencionalidade e adaptabilidade…

O mercado e a economia brigam por sua atenção, mas só "dá jogo" com disciplina, foco e treino. E eu tenho credibilidade para mostrar tudo isso.

PESSOAS PRECISAM DE PESSOAS

Como esse é um princípio forte que tenho, muito do conteúdo que trago para este livro tem o embasamento em pesquisas, mas foi construído principalmente pela troca de conhecimentos e experiências práticas que estabeleço com pessoas de todas as áreas, aprendendo e ensinando.

Os relacionamentos sempre deram e dão consistência, congruência e coerência à minha bem-sucedida jornada até aqui.

Eu cresci atleta, conforme vou detalhar adiante. Depois, fui treinador de natação, mestre e professor universitário, além de rodar pelo Brasil ensinando Educação Física e Saúde e sendo coach de profissionais dessas áreas para desenvolver a capacidade empreendedora deles.

Quis mudar do universo acadêmico para o da gestão e dos negócios com o intuito de falar sobre a importância da disciplina, do foco, da meta, da energia deliberada para todos os profissionais e empresas, não só os educadores físicos. Ter coordenado o Instituto Projeto Neymar Jr. por quatro anos foi um marco em minha vida.

Comecei a palestrar em eventos de negócios e a gravar aulas e conversas na internet, tornando-me cada vez mais conhecido e seguido em meus canais virtuais. Minha história empolgava e o nome do Instituto Neymar chancelava (obrigado ao meu ex-aluno da "facul", ex-chefe e amigo Neymar pai!). Os profissionais identificavam-se com os conceitos que eu transmitia, como o de que O SUCESSO É TREINÁVEL.

Se eu nasci sentindo-me sem nenhum predicado, ter esse reconhecimento do mercado me realiza.

Já lancei cinco livros independentes: eu acreditava, bancava, escrevia, imprimia e saía vendendo no braço e na raça. E foi esse mesmo movimento empreendedor que me motivou a sair do instituto para poder concentrar-me em meu talento maior, que é o de me comunicar.

Um daqueles livros independentes nasceu em 2009, com uma tiragem bem modesta de 500 exemplares. A primeira pessoa a recebê-lo foi o psiquiatra, escritor e empresário Roberto Shinyashiki. Ele cuidava da mente dos nadadores do Clube Pinheiros, incluindo a de uma amiga minha. Eu disse a ela:

— Preciso levar até ele. Posso contar com você para isso?

Eu não estava pedindo permissão, mas agindo para que ele soubesse de minha história até então, de meu amor pelos livros e de minha admiração pelo trabalho dele. Hoje, tenho a honra de lançar este livro pela Editora Gente, fundada pelo Roberto, e de contribuir para o sucesso sustentável de milhares de leitores.

Tudo isso está alinhado com meu propósito, expresso no nome de minha empresa, 3Ps Treinamentos. Há quem confunda com os Ps do marketing, conceito do guru global Philip Kotler, mas se equivocam. Eu me baseei num grande conselho de meu pai de que Pessoas Precisam de Pessoas.

Boa leitura!

SÓ NÃO ESPERE DE MIM FACILIDADES! VOU MOSTRAR OS CONTÍNUOS DESAFIOS QUE ENCAREI.

NADAR NO VAZIO, MORRER NA PRAIA E SE CULPAR

25 NO MEIO DO CAMINHO, O ESPORTE

27 POR QUE NÃO QUERER SER VOCÊ MESMO, CARAMBA?

28 GANHAR É BOM, PERDER É TERRÍVEL

30 INCAPACIDADE DE PERFORMAR

32 SEGUINDO GENTE FELIZ E SE SENTINDO MAL

34 PLANO ZERO LEVA A RESULTADO IDEM

Em minhas mentorias, aulas e palestras, nos seminários e treinamentos que organizo, no relacionamento com empresários e internautas do país inteiro, percebo como é doloroso para a maioria das pessoas não estar trabalhando com seu maior talento, aquilo que traz realização genuína, sua vantagem competitiva num mercado feroz.

Muitos até sentem uma predisposição para realizar uma coisa muito bem, mas sofrem por não estar explorando seu potencial, não concretizar aquilo para o qual possuem capacidade máxima e que pode fazer a diferença na sociedade. Isso provoca sensações de aprisionamento, impotência, sufocamento, que aumentam à medida que essas pessoas esperam "permissão" para mudar, ficando rendidas à vontade dos familiares e às circunstâncias de seu ambiente.

Como o mundo atual é VUCA (em inglês) ou VICA (em português) – volátil, incerto, complexo e ambíguo –, aqueles que não sabem o que querem para si, nem têm um plano para descobrir e se desenvolverem, ficam ainda mais ansiosos, angustiados, confusos. Então, perdem tempo e esforço preciosos buscando respostas e soluções rasas no mundo externo para suas grandes inquietações. Conclusão: ou não acham, ou se iludem com promessas sem entrega.

Realmente há muito desgaste emocional – às vezes, durante a vida inteira – nessa luta contra um desses dois fenômenos: há os que vivem um cotidiano miserável e medíocre por não terem a menor ideia de qual é seu maior talento natural, e há aqueles que até sabem qual é, mas não o usam. Em ambos os casos, falta clareza, autorresponsabilidade, compromisso com seu objetivo particular.

E, quanto mais as pessoas vivem à mercê das opiniões alheias e não despertam para desenvolver seu verdadeiro talento, mais se frustram e se sentem infelizes por não viverem intensamente seu chamado. Algumas não sabem disso e chegarão a essa conclusão à medida que a leitura deste livro avançar.

Outras têm a consciência – ou razoável desconfiança, ao menos – do que podem fazer com excelência, mas a inércia e a acomodação fazem com que permaneçam estáticas. E há aquelas que são acometidas pelo medo, pela insegurança e pela falta de um plano/método bem estruturado para gerar uma vida com resultado e propósito.

É por isso que há dor, dor, dor. E o que vai acontecendo com essas dores? Desencadeiam vícios, compulsões, doenças como ansiedades, bulimia, anorexia, síndrome de *burnout* e depressão em pessoas de várias faixas etárias. Temos uma sociedade medrosa, de pouca lucidez, acuada, que teme perder tudo. Em vez de irem atrás das coisas para conquistá-las, as pessoas acomodaram-se. Não decidiram superar essa conveniência. Não entenderam que o sucesso delas vem do TREINO.

Você pode me lembrar:

— Pô, Joel, você acabou de escrever na introdução deste livro que não nascemos prontos para nada.

Eu respondo que todo mundo nasce com uma predisposição para alguma coisa. Só que, se não for trabalhada, não serve para nada. Eu não posso negar que nasci com uma predisposição esportiva. Tenho uma baita de uma inteligência corporal. Só que, se eu não tivesse feito uma carreira de 22 anos – como atleta e treinador – lapidando esse talento, não teria alcançado o *status* de campeão.

O *case* que trago ao final deste capítulo é real – uma ex-aluna que sabe qual é seu principal talento, mas não o desenvolve. Porque teme a opinião das pessoas, alimenta a crença de que não dá dinheiro, acha que é uma profissão muito difícil de seguir no Brasil… e o pai dela reforça que não vai dar certo. Ela sofre. Muito. Não raramente chega a chorar.

Acontece nas melhores famílias… Há quem diga que quer seguir sua vocação, seu chamado, aquilo para o qual tem habilidade natural. Falta descobrir o que é. E tem gente que parece se acostumar com a dor de uma vida mediana e obter resultado aquém do que poderia, sem um propósito conhecido, esperando que alguém apareça para salvá-la. Ou uma luz ou um clique.

Quem ficar sentado, aguardando por uma epifania, vai se cansar, se frustrar ainda mais e sentir um vazio crescente, que traz malefícios não apenas à realização financeira, amorosa e profissional, mas também – e principalmente – à saúde mental, espiritual e física. No final das contas, as pessoas levam adiante, no piloto automático, uma vida sem graça, sem sentido. Podem entrar num ciclo vicioso de culpa, terceirização de resultados e baixo desempenho pessoal e profissional. Hora de mudar essa chave de insucesso!

NO MEIO DO CAMINHO, O ESPORTE

Eu era uma criança com desempenho escolar medíocre. Fazia muita força para tirar boas notas na escola, em vão. Já meu irmão brilhava sem que precisasse de tamanho esforço – então, ganhava os louros. Minha irmã também. Eu não recebia nenhum elogio, era o filho "sanduíche" entre a mais velha, considerada a mais responsável, e o caçula, o prodígio da família. Sou o do meio, aquele que dá mais trabalho na visão do pai, que me alertava:

— Filho, você precisa ter responsabilidades.

Eu pensava: *Preciso ter isso que meu pai quer que eu tenha, só que eu não sei o que é*. Fui descobrir por meio de meu melhor amigo, que não faltava às aulas de natação.

— Marquinhos, vamos brincar.

— Não dá, Joel. Tenho aula de natação.

— Marquinhos, vamos até minha casa que eu quero mostrar uma coisa bem legal.

— Não posso. Eu tenho que ir nadar.

— Então vou fazer natação também. Você vai estar lá, eu quero ir.

E foi assim que encontrei esse esporte que mudaria tudo em minha vida. Pulei na água e adorei. Por isso, me dediquei.

Importante: depois disso, o esforço que eu fazia para nadar era o mesmo que fazia para estudar. Estava sendo ultrarresponsável dentro e fora da piscina. Só que os resultados não eram os mesmos. Eu batia as metas nadando, sabendo que podia melhorar mais e mais. Aquilo foi me deixando mais apaixonado.

Aos 13 anos, participei de minha primeira competição. Perdi. Chorei muito, de raiva. Quando meu treinador perguntou o motivo, eu demonstrei estar arrasado, então ele aumentou minha responsabilidade:

— Então amanhã o treino vai começar às 5 horas da manhã. E às 5 da manhã você estará atrasado.

Desde pequeno fui criado assim. De um lado, meu treinador, que nunca atrasou na vida. Do outro, meu pai dizendo:

— Experimentou, gostou, quer isso para você? Então levanta e vai. Porque seu treinador estará lá. (Repare que não foi "levanta que eu vou te levar".)

Aquele ambiente foi me moldando, me dando disciplina, foco, noção de hierarquia. Dois anos depois, me consagrei campeão paulista numa prova individual. E ainda fui elogiado pelo treinador na frente de meus amigos de equipe. Gostei ainda mais daquilo.

Literalmente, mergulhei nesse esporte e fui percebendo ser bem melhor para algumas coisas e pior para outras. E eu gostava mais daquelas em que me destacava. E eu me dedicava mais àquelas de que gostava muito. E, quanto mais me dedicava, melhor eu ficava. E como eu descobri isso? Fazendo.

POR QUE NÃO QUERER SER VOCÊ MESMO, CARAMBA?

Minha empolgação, junto com a de meus pais, me levou a querer ser igual ao melhor. Isso é tão comum! Quando almejamos ter sucesso sem clareza de quem somos e de nosso potencial, fica irresistível querer ser igual ao número 1 de nossa área.

No meu caso, eu sonhava ser o Gustavo Borges, e meus pais embarcaram nessa "viagem" comigo. Para se ter uma ideia, havia uma foto dele comemorando uma de suas vitórias na porta do guarda-roupa de minha mãe. Com quatro medalhas olímpicas e dezenove pan-americanas no currículo, ele é o maior medalhista olímpico brasileiro de todas as modalidades e um dos maiores nomes da natação mundial.

Eu tentei tanto, mas tanto, ser igual ao Gustavo, que, enquanto eu não quis vencer sendo o Joel Moraes dos Santos Junior, eu sofri. Pudera. Tenho 1,88 metro de altura. Ele tem 2,04 metros. Tenho 1,96 metro de envergadura, que é a distância entre as extremidades dos braços abertos. Ele tem 2,33 metros, o que resulta em braçadas mais potentes e faz a diferença nas provas de velocidade.

Por um lado, eu estava me espelhando num modelo vencedor, num exemplo positivo. A partir do momento em que eu quis ter a altura dele, ter a mão do tamanho da dele, essa modelagem deixou de ser saudável. Porque o que eu queria era impossível, e eu sofri enquanto não tive essa clareza.

Cheguei ao ponto de tirar satisfações com meu pai:

— Pô, pai, por que você não me fez mais alto?

Detalhe: ele tinha 1,70 metro, e minha mãe, 1,56 metro. Eu queria o quê?

Até que, passados seis anos nadando, vencedor e aprendiz se encontraram. Nós estávamos na mesma disputa. Eu fiz uma oração mais ou menos assim: *"Senhor Jesus Cristo/ neste exato momento/ para tudo que o Senhor está fazendo/ e quebra a perna desse filho da mãe…".*

Eu queria dizer mais ou menos isto: Fome na África? O Senhor pode cuidar depois… Famílias de refugiados sírios se afogando no mar? Segundo plano… Para, para, para, porque eu preciso ganhar do Gustavo Borges.

Em outras palavras, eu pedi permissão para ser vencedor. E vou escrever em letras garrafais o que descobri horas depois: se pedir permissão para alguma coisa em sua vida, pode tirar o cavalinho da chuva porque NEM APELANDO PARA JESUS CRISTO vai funcionar.

O resultado foi… *pau*. Costumo brincar que existe ganhar e existe o que o Gustavo fez comigo. Eu digo nas palestras que eu cheguei à parede e o Gustavo já estava seco. Simplesmente enterrou meu sonho de ser sua réplica perfeita. Ali eu tive a primeira grande lição de vida, em 2001. Aquela prova foi um divisor de águas, pois, ao querer ser o Gustavo, eu abri mão de lutar com minhas habilidades, respeitando minha história e essência – de desenvolver competências para ganhar dele.

GANHAR É BOM, PERDER É TERRÍVEL

Não dava para ter o tamanho dele – nunca vai dar. Eu tive de aceitar isso. Quando você se aceita, toma a pancada, depois levanta e resolve olhar as armas de que dispõe para conseguir se desenvolver.

Eu falo em minhas palestras: "Poxa, os braços do Gustavo são tão grandes que ele consegue segurar o quadro que está instalando na parede e ao mesmo tempo pegar o martelo que caiu no chão". A plateia ri. Mas, em seguida, eu relato minha decisão: já que eu não nasci com os braços dele, então que eu tenha a mente dele. Foi aí que mudei a chave.

Muitos gostam de ganhar, mas poucos odeiam perder. E eu faço parte dos que odeiam perder. Porque eu odiei esse dia. E quem vence não culpa os outros. Fica bravo consigo mesmo e logo pensa: *Perdi, então o que é que eu tenho de fazer para não perder da próxima vez?* E essa energia, que tem muita potência, você coloca na sua disciplina, na dedicação, no seu exercício, no treino, e não no colo dos outros.

> **Todo mundo nasce com uma predisposição para alguma coisa. Só que, se não for trabalhada, não serve para nada.**

Preciso ter uma mente forte, pois fiquei com medo dele! Em se tratando de natação, não dá *mesmo* para culpar mais ninguém. Não tem subjetividade. É objetivo. É um cronômetro. Não é como no futebol, que pode ter um juiz tendencioso ou uma entrada desleal de adversário – embora existam Neymar, Messi, Salah e outras feras.

Ah, será que eu estava impedido? Não tem essa. Pulou na água, nadou, chegou. Basicamente, os esportes individuais são assim. E sentir essa dor de perder foi muito importante para eu amadurecer.

Reconheço que tentei não sofrer reclamando. Eu era pequeno, competia mal e me sentia na obrigação de dizer alguma coisa ao meu pai. Mas ele, que nunca nadou na vida, não deixava. Se ele sofria? Que nada. Meu pai foi o cara que me salvou dessa armadilha. Eu me lembro desse diálogo com saudade:

— Pai, eu competi mal hoje.

— Por quê, filho?

Eu tentava de tudo: porque ameaçava chover, a baliza era escorregadia, a raia da piscina estava mole, a água tinha cor de sujeira. Às vezes, eu apelava:

— Estava ventando tanto! Como eu nunca vi.

— Sério? — reagia meu pai, fingindo acreditar. Em seguida, me fazia responder sobre como tinha sido a performance de meus colegas de equipe.

— e o Roberto?

— Piorou o tempo também.

— e o Bruninho?

— Também fez um tempo ruim. Assim como a Sthefanie.

Eu só pensava *não pergunta do Leandro*. Até que…

— e o Leandro, filho?

— Ah, o Leandro bateu quatro recordes.

— Então… ele nadou na mesma piscina que você e todos da equipe.

Eu não tinha como fugir desse fato. Ele desmontava todas as desculpas que eu dava, uma atrás da outra. Eu ficava com raiva, mas precisava daquilo.

É muito mais fácil levantar um muro de lamentações do que enxergar a realidade. Culpar mãe ou pai, então, é um clássico. Mas isso não é remédio para dor. No máximo, um paliativo ou anestésico temporário.

INCAPACIDADE DE PERFORMAR

Na primeira vez em que encontrei o Gustavo Borges, eu tive de encarar que ele era um gigante perto de mim. E realmente "tomei uma surra" dele dentro da piscina. Pensei: *Joel, como vai ser seu futuro se você continuar com essa incapacidade de performar na tal da hora H? Eu vou perder. Portanto, o que eu tenho que desenvolver? Não tenho de ler sobre finanças ou marketing. Tenho de aprender sobre controle mental e saber como tirar o melhor do corpo que eu tenho. E onde eu vou buscar isso?*

— Pai, me manda para os Estados Unidos. Preciso treinar lá. Dá?

Deu e eu fui. Lá desenvolvi competências para performar bem melhor e voltar campeão.

Para sair do sofrimento, é preciso ter clareza sobre o que se quer. Por que as pessoas têm tanta dificuldade em fazer isso? Olhar as fragilidades não é agradável. É um jogo duríssimo. E eu sou visto como um cara que fala "na lata" o que elas precisam ouvir, e não o que desejam ouvir.

Eu escuto de muitas pessoas: "Eu ainda não descobri para o que tenho mais habilidade, o que eu faço?", "Começo animado, mas não termino nada", "Cedo aos meus instintos, e isso atrapalha atingir meu objetivo", "Amarelo na hora H por medo de falhar", "Meu chefe acredita mais em mim do que eu mesmo", "Não confio que vou dar conta".

Conveniência e conivência são duas grandes pragas que aparecem. Quantos estão num relacionamento não por amor, não por achar incrível, mas por ser conveniente? E nenhum dos lados fala sobre isso, sendo conivente. Sabe que precisa achar uma solução, mas não abre essa discussão, deixando que o outro sofra também por se manter nesse relacionamento pobre de troca e de afeto.

Falta clareza. As pessoas acham que têm, mas não têm. Basta ver a quantidade de gente querendo aumentar sua renda, ou ter uma renda, sem saber por onde começar. Vou ilustrar a seguir e ao longo do livro pequenos diálogos que costumo ter presencial ou virtualmente em meu trabalho, chamando-os de **na hora H**.

NA HORA H

— Quanto você quer ganhar financeiramente este ano?
— Ah, eu quero ganhar mais.
— e o que você quer de sua profissão?
— Eu quero melhorar.
Clareza zero.

— Joel, eu quero ganhar mais dinheiro.
— Mas quanto? E em quanto tempo?
Silêncio...

> — Joel, eu quero dobrar meu salário em seis meses.
> — Qual é o plano que você tem para fazer isso?
> — Veja bem...

As pessoas desses exemplos não têm um plano ou criam algum de qualquer jeito. E mais: elas não têm noção de que, depois de criar o plano, ainda precisam fazer duas checagens:

- Agora que estou vendo o plano, ainda quero fazer isso para minha vida?
- e, agora que sei o que preciso fazer, quanto estou comprometido a fazer isso até o fim?

Verdade que atualmente existe uma cobrança externa enorme para que as pessoas tenham atitude. Seja pai ou mãe, seja a empresa onde trabalha. Só que, para alguém que não sabe o que quer, vira uma pressão que só aumenta o sofrimento, por induzir a traçar um plano que não condiz com o que se quer nem com seu talento. Então a pessoa fica insistindo naquilo e pensando *Por que é que eu faço isso comigo?*

E caso essa pessoa ainda se baseie no outro para agir, ela torna tudo muito *I wanna be* ("eu quero ser", em inglês). Explicarei melhor a seguir.

SEGUINDO GENTE FELIZ E SE SENTINDO MAL

Uma pesquisa realizada pela Microsoft, no Canadá, sugeriu que o tempo de atenção dos seres humanos já é mais curto (oito segundos) que o dos peixinhos dourados (nove segundos).[1] Você abre o Instagram e vê a ima-

---

1 "Tecnologia deixa humanos com atenção mais curta que de peixinho dourado, diz pesquisa". *BBC Brasil*, 16 maio 2015. Disponível em: <https://www.bbc.com/portuguese/noticias/2015/05/150515_

gem de um homem ou de uma mulher transmitindo riqueza e felicidade. Pronto. Roubou sua atenção.

Como não tem clareza, você decide seguir esse "ícone" de sucesso. Pensa que, se ele tem uma legião de seguidores, o que falar vai ser para o bem. Digamos que seja "miga, tem que descobrir seu propósito", só que você não sabe qual é. Então, incorpora o propósito desse *influencer* sem pestanejar.

Com tanta gente incorporando o propósito daqueles que seguem nas redes sociais, fica parecendo que todo mundo quer ser outra pessoa. Ninguém se entende, se aceita, se diferencia da multidão. Tem sido comum eu receber esse feedback da turma que me segue no Instagram: "Sigo um monte de gente bem-sucedida, só que eles estão tão bem que eu começo a ficar meio depressivo porque eu não estou".

É preciso cuidado para o sofrimento não ser potencializado com tanta demonstração de felicidade, que nem sempre é real. Por que será que quase todas as pessoas, quando estão postando, demonstram saber o que querem? Quase ninguém mostra suas dores, suas dúvidas, suas falhas nem seus dramas, seus medos, seus problemas. E não faltam filtros para deixar qualquer ser humano mais bonito, bronzeado...

> **Quando você se aceita, toma a pancada, depois levanta e resolve olhar as armas de que dispõe para conseguir se desenvolver.**

naquela foto com mar azul ao fundo. Pode estar cinza, mas o efeito azulou.

De novo, as pessoas sofrem por não saberem o que querem e mais ainda por acharem que todo mundo sabe, menos elas. Então começam a seguir um monte de gente, consumir sem parar esse tipo de informa-

---

atencao_peixinho_tecnologia_fn>. Acesso em: 17/5/2019; McSpadden, Kevin. "You now have a shorter attention span than a goldfish". *Time*. 14 Maio, 2015. Disponível em: <http://time.com/3858309/attention-spans-goldfish/>. Acesso em: maio 2019.

ção, e se sentem mais perdidas sobre por onde começar a própria jornada. Para complicar, há uma ilusão de que, só de estar seguindo, tudo foi resolvido.

Seguir os outros que estão bem, sem tirar a bunda da cadeira, é ilusão.

PLANO ZERO LEVA A RESULTADO IDEM

Eu cresci com o DNA que todos os atletas têm, no qual é inaceitável ter falta de clareza sobre o que se quer e como alcançar.

O técnico dizia:

— Este ano vamos competir no campeonato brasileiro. Você tem que arrumar nesta semana seu dedo mindinho direito. Vamos treinar isso 86 vezes.

No dia seguinte, era a vez de evoluir em outro aspecto bem específico. Cada passo é programado. O objetivo está lá na frente, o ponto de partida é hoje. Qual é o problema das pessoas mais ansiosas hoje? Elas só olham para o objetivo lá na frente: eu quero estar feliz, magro, rico, bem-amado, seja lá o que for. Mas não sabem criar um plano. Não existe um processo.

Ficar olhando para o topo da escada se perguntando como chegar lá, em vez de arquitetar como subir cada degrau, dá uma angústia danada ou insegurança de não dar conta. Isso contribui para tanta gente desenvolver depressão ou até cometer suicídio. Se eu jogo meu pensamento no futuro, fico ansioso. Saio do estado presente. E não faço tudo que é necessário, não me esforço, não treino, não venço pequenas batalhas. O atleta vive hoje como se fosse o último dia.

Quando me tornei o melhor nadador da minha categoria, comecei a acreditar que podia ser um bom aluno. E adivinhe o que aconteceu? Consegui ser um dos melhores da escola. A natação foi me dando confiança, condições, um novo olhar para o estudo e os desafios da vida.

Fui um atleta de renome internacional pela seleção brasileira. Liderei equipes como capitão. Como treinador de meninos e meninas, fui vitorioso também. Era focado na mente humana, o que me levou a estudar Coaching, Programação Neurolinguística, Hipnoterapia, pesquisas acadêmicas relacionadas ao tema, descobertas científicas. Cursei mestrado e passei a lecionar na faculdade de Educação Física. Minhas aulas não eram puramente técnicas, eu transmitia o que havia descoberto em relação ao sucesso.

Minha veia é pelo esporte. De atleta de seleção brasileira passei a ensinar esportistas da categoria infantil, juvenil, júnior e sênior. Depois, ensinei a quem treinava os esportistas. Formei mais de 1.500 professores de Educação Física. Fui um docente laureado, premiado, orgulhoso de minhas origens.

Sou filho de negro, pobre e nordestino e tenho 1,88 metro. Esse é o jogo, foi assim que eu nasci, em 1981. Quem olha minha foto aos 13 anos concorda que meu físico não tinha nada a ver com o de um campeão. Vestia uma sunga asa-delta, denunciando que eu não entendia nada de natação, tampouco meu pai.

Outra foto, da minha primeira competição, revelava instantaneamente em qual raia estava Joel Moraes Santos Junior. Era a de um menino pulando na água da forma mais desengonçada possível. No meu íntimo, amaldiçoei essa imagem por longos anos. Hoje não mais. Eu digo que APENAS COMECEI assim. Fui dezessete vezes campeão brasileiro, 36 vezes campeão paulista, bati o recorde sul-americano em duas provas de revezamento.

Construir esse currículo cansa e leva tempo. Não é do dia para a noite. Aos que desejam resultado rápido com mínimo esforço, aviso logo que essa conta não fecha e ainda abre espaço para ansiedades ("Meu Deus, não acontece nada!"). E a coisa piora se tentar negar suas dores, por causa da cobrança externa por *selfies* felizes.

Eu tentei tanto ser o Gustavo Borges, não consegui e acabei sendo o Joel Moraes. Vinte e quatro anos depois, houve uma competição com meu nome, Torneio Joel Moraes de Novos Talentos, realizada em Santos, na piscina da Arbor. Então, declaro aqui que não adianta ser mais ninguém além de si mesmo. Está na hora de aprender a gostar de você, de viver em harmonia consigo mesmo, porque você só tem essa vida.

O cronômetro está ligado. E eu me disponho a ser seu treinador para ir sinalizando: não precisa acelerar, basta não parar; a vida não é uma corrida de 100 metros, é uma maratona; então comece devagar e vá crescendo.

CASE:
UMA VOZ ESPETACULAR

Paula tem um talento ímpar: cantar. Seu timbre, seu tom, sua eloquência e seu *feeling* musical deixam qualquer pessoa de queixo caído. E, honestamente, ela não faz muita força para que isso aconteça. Uma mistura de Whitney Houston com Mariah Carey. De família católica, durante muitos anos frequentou o coral da igreja. Rainha de bateria de escola de samba de sua cidade, também dançava como ninguém. Era uma deusa negra nas passarelas do samba.

Durante muitos anos foi jogadora de vôlei, cursou Educação Física e participou do time que disputava os campeonatos da liga universitária da cidade. Quando sobrava um tempinho, Paula cantava, emocionando a todos na faculdade com sua voz. Em competições universitárias, além de jogar, ela era convidada a cantar na abertura. Era dona de um gigantesco talento, e essa era sua maior vocação e paixão.

Mesmo assim, Paula não colocou toda sua energia, seu tempo e sua dedicação na música. Não se tornou a cantora que sempre sonhou, não viveu de seu talento maior nem sequer gravou um disco solo, apostando nele. Um baita desperdício! Ao ser questionada, respondia: "Essa profissão não dá dinheiro". Ela encarou a música apenas como *hobby*, mesmo sendo o maior sonho de sua vida.

Paula é mais uma das centenas de milhares de pessoas no mundo que não seguem seu maior talento natural, que baseiam sua vida nas opiniões dos outros e em padrões estabelecidos pela sociedade. Ouviu e seguiu o conselho de que a música não seria para ela. Acreditou nisso e virou verdade. De cantora com talento enorme, escolheu ser mais um profissional medíocre em outra atividade.

O QUE FAZ QUEIMAR A LARGADA

43 MEDO DO DESCONHECIDO QUE LEVA À INÉRCIA

46 PREGUIÇA E FALTA DE DISCIPLINA

52 ATALHOS E GANHOS SECUNDÁRIOS

58 AMBIENTE DESFAVORÁVEL

62 OPINIÕES E PERMISSÃO DOS OUTROS

67 PENSAR MUITO E AGIR POUCO

69 DIZER "SIM" QUERENDO DIZER "NÃO"

Para qualquer pessoa ter sucesso na maratona da vida e ganhar velocidade, ritmo, performance melhor que a de seus competidores, é preciso liberar o caminho de obstáculos, amarras, pegadinhas. Falando sério, ninguém muda, sentindo-se fortalecido e livre para viver suas novas escolhas, sem, antes, encarar as causas que estão dificultando descobrir o que se quer e dar um ponto-final nelas.

Um bom começo é refletir sobre o passado. Muito provavelmente os adultos de hoje ouviram de seus familiares e cuidadores, desde quando eram crianças, que "é preciso trabalhar numa empresa sólida para ter sucesso, ser alguém". Essa é uma das várias crenças marteladas por décadas nos núcleos familiares e educacionais, ferozmente questionadas atualmente.

NA HORA H

— Joel, eu sinto que estou no piloto automático, correndo atrás do próprio rabo...

— Você ainda não sabe o que quer. Descobrir é uma tarefa que não dá para delegar, adiar, ignorar.

— Eu sei. É a minha vida que está em jogo.

— Joel, por que tanta gente, mesmo quando descobre, não vai fundo naquilo que quer?

— Elas podem estar aprisionadas em modelos mentais e comportamentais ultrapassados, sabotadores ou inúteis. E, como ainda não se conhecem, sofrem para enxergar.

— Eu sei. A resposta está dentro de mim.

No entanto, esclareço que não existe crença errada ou certa, e sim (in)adequada para *aquela* pessoa. Isto é, quem tem um perfil empreendedor, disruptivo, e gosta de mandar no próprio nariz não deve alimentar a crença de que seu lugar é numa defensoria pública, por exemplo. Há quem se dê superbem em multinacionais e há quem faça sucesso no mundo das startups ou das franquias.

A inversão de crenças, portanto, bagunça a cabeça e a desfoca do que interessa. E a situação complica quando outras emoções e comportamentos negativos se transformam em verdades absolutas ou "travas de segurança" antimudanças, por intermédio de um destes mecanismos:

- Repetição (desde a infância);
- Forte impacto emocional decorrente de algum evento doloroso que deixou cicatrizes em sua história de vida e visão de mundo.

MEDO DO DESCONHECIDO QUE LEVA À INÉRCIA

Ninguém gosta de assumir, mas todo mundo sente medo do desconhecido. Essa emoção faz parte da atitude humana. O medo salvou a humanidade de muitos perigos. Todos nós lemos nos livros que nossos *hermanos* pré-históricos, por não entenderem os fenômenos da natureza, reagiam assustados às tempestades e logo buscavam proteção nas cavernas.

Hoje, as tempestades meteorológicas assustam menos que não ver um horizonte futuro para a própria vida – em vez de um lugar ao sol, só "nuvens" carregadas de frustração, fracassos, inseguranças. Quando não há clareza nem um plano: tem medo! Tudo aquilo que desconhecemos tendemos a rejeitar.

Para nosso cérebro, que é uma evolução daquela época da sobrevivência, a questão da prosperidade, por implicar riscos e desafios, não é muito natural. Em suma, ele primeiro aciona o instinto de proteção em reação ao medo do desconhecido. Quanto mais intensa essa emoção, menos impulso para a ação.

O *case* que apresento a seguir exemplifica como o medo de mudar uma realidade é capaz de sufocar um objetivo legítimo e estimulante. Existe uma nova perspectiva de vida. Como a Marcela se nega a enxergar além da fronteira do conhecido, pois nunca viu nem sentiu o que a aguarda do outro lado, ela retrai-se, voltando ao seu padrão de "segurança".

Quem pensa *não vou agir porque vou me sentir em perigo*, quando lê uma biografia, vê um filme, assiste a uma palestra ou um *webinar* que amplia sua perspectiva, geralmente é despertado a querer enxergar mais longe. Desponta nele uma vontade consciente, tanto que me escreve mensagens como esta:

— Cara, existe um universo maior e mais próspero para mim do outro lado.

Só que o subconsciente da pessoa inerte, no qual estão instaladas as crenças, os modelos mentais e os comportamentais ultrapassados, sabotadores ou inúteis, a faz sentir medo. Pode ser que ela comece e pare, dê alguns passos e volte, tenha o *input* da mudança, mas depois continue reproduzindo os mesmos padrões.

Por que esse ciclo viciante exige enfrentar o medo? Só para lembrar: tanto o corajoso quanto o medroso estão sentindo medo. A diferença é que o corajoso avança MESMO ASSIM. Se há 99% de incerteza e 1% de certeza, o corajoso pega aquela mínima certeza e a transforma em resultado 100%.

É isso que ele faz, além de antecipar situações que poderão desencadear medo e outras medidas que vou detalhar mais adiante neste livro. Mas adianto aqui que o corajoso se distingue do medroso por investir em autoconhecimento. Se a pessoa não se conhece, ela não sabe em qual ponto se sustenta para ter coragem.

Hoje, as tempestades meteorológicas assustam menos que não ver um horizonte futuro para a própria vida

CASE:
APRISIONADA POR SEUS MEDOS

Marcela é uma jovem pedagoga, que se divorciou aos 27 anos, após três anos de casada. Junto com sua filha Julia, de 3 anos, voltou a morar com a mãe, que tem personalidade forte e sempre foi a líder em casa, ditando as regras. Além de garantir a melhor estrutura possível para sua pequena, a pedagoga estava disposta a recompor a vida e desejava cursar outra faculdade, dessa vez de Nutrição.

Mas a mãe alegava ser bobagem e financeiramente impossível. Além disso, Marcela não aceitaria falhar em nenhum aspecto da vida da filha. Ela sentia um desejo ardente de mudar de profissão e, ao mesmo tempo, medo do futuro e respeito à opinião da mãe.

Essa mulher que havia construído uma carreira sólida no campo da pedagogia escolar não avançou no novo objetivo e estava sempre triste. Hoje, procura empregos, mais como bicos, em diversas áreas para manter suas contas pagas. Não sabe o que fazer e, por isso, está com a vida estagnada.

PREGUIÇA E FALTA DE DISCIPLINA

Se a causa anterior já pega muita gente, saiba que é mais fácil ver pessoas reconhecendo que têm medo do que assumindo serem preguiçosas. O mais comum é a preguiça estar implícita no comentário "eu não consigo". E, como eu sei que não consigo, não me arrisco nem insisto.

Em 2015, visitei a China. Fui até o templo de Confúcio. Lindo, construído antes de Cristo e reconstruído por séculos. Estava frio pra caramba naquele dia. Não me lembro de tudo que vi, mas algo grudou em minha mente como cola. No pé da gigante estátua de bronze do filósofo, está escrito: *"A única pessoa incapaz de aprender é a preguiçosa"*.

A aprendizagem é um campo vastamente estudado pela ciência, e está provado que todos nós temos um mecanismo de aprendizado, um canal cerebral de preferência. Cada um precisa descobrir qual é o seu: pode ser por meio auditivo, visual ou ainda cinestésico.

Não vou me aprofundar na técnica de Programação Neurolinguística (PNL), mas comprovo no dia a dia que tem gente que aprende quando explica, outros escrevendo e gravando imagens associativas na mente. E há também os que procuram ouvir várias vezes para absorver.

Portanto, não é verdadeira a justificativa "eu não consigo". O que falta ao preguiçoso, no fundo, é:

1. Autoconhecimento (para conhecer seu mecanismo preferencial de aprendizagem);
2. Um plano;
3. Disciplina para colocar esse plano em ação;
4. Fazer isso quantas vezes necessitar ATÉ virar hábito.

Concordo com o psicólogo organizacional Benjamin Hardy quando ele afirma em seu livro *Força de vontade não funciona* que o sucesso não é tão complicado assim, exceto para quem dá um passo em vinte direções diferentes em vez de fazer o contrário: dar vinte passos em uma única direção.

Há quem desista e se resigne voluntariamente ao chavão "eu não consigo". Eu digo:

— Você conseguiria se tivesse sido disciplinado a aprender e vencesse a preguiça. Porque todo mundo consegue aprender, de um jeito ou de outro, necessitando achar o seu.

Sabemos que a palavra *mindset* significa a maneira de uma pessoa pensar, seu modelo mental ou, resumidamente, mentalidade. O que ainda não estava muito claro, Carol Dweck, psicóloga e pesquisadora de Stanford, explicou em seu livro *Mindset – A nova psicologia do sucesso*: existe o *mindset* fixo e o de crescimento.

Donos de *mindset* fixo acreditam que não são capazes de mudar. Dizem "já cheguei ao meu limite" e sofrem por se julgarem incompetentes, fracos, pouco inteligentes e afins. Em contrapartida, quem tem o de crescimento diz "cada erro na minha vida é uma oportunidade para me desenvolver e, se me dedicar e tiver bons professores, consigo aprender, sim. Nada vai me impedir".

Resumo da ópera: a maneira como cada pessoa pensa determina seu nível de aprendizado. Seguindo esse mesmo raciocínio, dá para dizer que a preguiça e também a indisciplina estão maquiadas na justificativa "eu não consigo".

O preguiçoso começa e para. Procrastina ao máximo e mata sua produtividade. Ou nem começa, achando que faria tanta força, *tanto sacrifício*! É o maior defensor da lei do mínimo esforço. Procrastinadores e desistentes crônicos provavelmente estão fazendo coisas bastante desconectadas com:

- Seu verdadeiro talento (e eles sabem qual é?);
- O que acreditam e querem (e eles sabem o que é?);
- Seus propósitos de vida (e eles sabem qual é?).

Tudo isso facilita jogar a toalha, concorda? Por que uma mãe não desiste de um filho? É impossível que isso aconteça, na grande maioria dos casos, por um motivo crucial: ele é a coisa mais importante de sua vida. Senso de propósito… Talento para maternar… Objetivo de vê-lo feliz…

O mesmo pode acontecer com a jornada profissional, para quem diz "O que eu faço é superimportante e não existe a chance de eu desistir". Ainda bem que há muitos pesquisadores na área de saúde pensando assim!

Outro ponto a considerar: por que a pessoa tem preguiça para uma coisa e para outras não? Por que reluta em levantar para trabalhar e estudar, mas pula da cama para passear com os amigos? Por que desanima sempre que começa uma dieta, mas não para fazer o filho escovar os dentes direito? Por que leva uma eternidade para terminar um livro ou a arrumação de armários, mas devora séries do *streaming* no fim de semana inteiro?

No fundo, tudo depende do significado que damos a diferentes atividades. Assim, sentir preguiça não é crime. Todo mundo sente em algum momento ou em relação a alguma coisa. Preguiça vira crime quando é para aquilo que se revela importantíssimo em sua vida.

Todo mundo procrastina, deixa coisas para fazer depois. O problema é protelar aquilo que é importante. O mesmo vale quando se fica na dúvida, sente medo, titubeia, começa e desiste. Mas, se você negligencia uma atividade decisiva para seu sucesso e sua felicidade, demonstra não ter clareza do que deseja alcançar com ela.

Muitas pessoas perdem miseravelmente oportunidades de avançar em suas metas por serem indisciplinadas. Para você entender melhor o que é disciplina, precisamos partir de uma premissa, que detalharei nos próximos capítulos. Mas já tranquilizo que não se trata de um talento; ela pode ser treinada.

Nas palavras de meu amigo e psiquiatra Roberto Shinyashiki, significa: "Fazer duas coisas 2 mil vezes, em vez de 2 mil coisas apenas duas vezes".

Só não vai funcionar com quem não souber o motivo de seguir o conselho do Roberto, que corrobora o conselho de Benjamin Hardy. Há várias pesquisas, como a de Napoleon Hill, mostrando que pessoas medíocres não sabem por que estão fazendo uma série de coisas. Esse influente escritor na área de realização pessoal, que assessorou dois ex--presidentes dos Estados Unidos, afirmava que: "Tudo aquilo que a mente do homem pode conceber e acreditar pode ser alcançado".

O QUE FAZ QUEIMAR A LARGADA

Em seu livro *A lei do triunfo*, Hill conta que, para cada cem pessoas que avaliou, 98% das que tinham performance mediana não sabiam por que estavam agindo daquela maneira. Óbvio! Sem saber por que você levanta todos dias, precisa ler tantos livros, ser tão econômico, comer bem… vai ser complicado adquirir essa ciência exata chamada disciplina.

Sentir preguiça não é crime. Preguiça vira crime quando é para aquilo que se revela importantíssimo em sua vida.

CASE:
O WORKAHOLIC SEM EFICIÊNCIA

Joaquim empreende na área de serviços. Ele sabe que os resultados de seu negócio dependem de seu alto desempenho de vender e entregar. Para isso, precisa de grande disposição, energia, atenção, foco e hábitos de alta performance. Só que Joaquim não tem uma vida regrada. Aliás, não ter regras é uma regra em sua vida.

Há mais de dez anos está acima do peso, acorda nos horários mais variados e faz atendimentos a clientes a qualquer hora, sem um padrão. É workaholic, mas sem eficiência. Viciado em reuniões, cafés e encontros que se revelam pouco produtivos.

Por reconhecer que precisa adquirir hábitos saudáveis, matriculou-se em umas trinta academias nos últimos anos, dando continuidade máxima de noventa dias. Se fica confuso, chateado, ansioso... come desenfreadamente. E assim segue: gastando mais do que pode, dormindo mais do que precisa e produzindo muito menos do que deveria.

Milhares de brasileiros têm esse problema. Raramente dão resultados, porque as pessoas sem disciplina e preguiçosas são incapazes de aprender algo novo na vida. Criam planos e estratégias a cada data importante, como Réveillon, aniversário, festa da empresa ou dia dos pais. Dizem "Hora de voltar para a academia, guardar dinheiro, dedicar mais tempo à família e ler um livro por mês". Esses planos desaparecem igual ao bronzeado de sol, e Joaquim retorna aos mesmos comportamentos iniciais.

ATALHOS E GANHOS SECUNDÁRIOS

Não há nada de errado em querer satisfazer a seus desejos hoje. Desde que eles não virem sabotadores daquilo que você SABE que precisa fazer por um benefício maior lá na frente. Mas como é fácil cair na armadilha das recompensas imediatas!

Você prefere ganhar 100 reais hoje ou 200 reais no mês que vem? Diante dessa pergunta clássica, muitas pessoas respondem preferir receber a metade se for *pra já*! Por quê? Elas não estão dispostas a esperar algo melhor lá na frente. O economista Eduardo Giannetti alerta, em seu livro *O valor do amanhã*, sobre todos os "juros" debitados na conta das pessoas impacientes com o futuro.

Por que tanta gente se ilude com programas de emagrecimento rápido ou enriquecimento "mágico"? *Slogans* do tipo "Conquiste a barriga dos sonhos subindo num aparelhinho que fica tremendo" e "Ganhei meu primeiro milhão de reais em três meses" – será assim tão fácil? Vende-se muita "fumaça" embalada de promessa, igual a comprar terreno no Céu.

O sucesso não reconhece atalhos, não dá em árvores nem vem do dia para a noite. Quem acredita e embarca cegamente em atalhos acaba sofrendo ainda mais. Porque a frustração de não atingir um objetivo sustentável é três vezes maior do que quando você conquista algo.

Como nadador, eu vivi na pele: quando você tem uma conquista, fica felicíssimo, mas, quando a perde, fica três vezes pior. Essa tese é endossada pelo norte-americano Richard Thaler, prêmio Nobel de Economia em 2017 por seu pioneirismo na aplicação da psicologia ao comportamento econômico. Ele também acredita que somos avessos a perdas, e elas doem mais do que um ganho de tamanho equivalente.

Thaler testou e constatou que a dor de perder 100 reais é maior do que a felicidade de ganhar 100 reais de maneira inesperada. Essa revelação, originalmente identificada pelos psicólogos Daniel Kahneman (prêmio Nobel de Economia de 2002) e Amos Tversky, foi a chave para todo o desenvolvimento da economia comportamental, conforme consta em seu livro *Misbehaving – A construção da economia comporta-mental* ("Mal comportamento", em tradução livre).

Isso aconteceu comigo quando comprei meu primeiro imóvel em 2009. Quando recebi as chaves, fiquei *felizaço*. Pensei: *eu sou o cara*. Meu pai me elogiou! Só que eu fiz um movimento errado, quebrei financeira-mente e precisei vender o bem. Minha dor foi muito pior.

Quando as pessoas tentam dar esse salto, e a maioria não conse-gue, elas se frustram. E, quanto mais elas se frustram, mais querem ata-lhos. São aquelas que ficam alternando dietas e romances, têm uma conta bancária que parece uma montanha-russa e não encontram seu trilho profissional.

Elas demoram a perceber que estão correndo atrás do próprio rabo e perdendo um tempo precioso. Querem atalhos, mas isso não existe no mundo real. O que existe é tarefa feita – todos os dias, melhorando um pouquinho a cada dia.

Quem tenta aliviar sua dor rapidamente costuma ser um alvo fácil daqueles que "vendem" atalhos, mas não entregam. Eu costumo ressal-tar que nunca vi um documentário ou li uma biografia que relacionasse sucesso com atalhos. Ninguém assumiu ter conquistado tudo do dia para a noite.

NA HORA H

— Joel, eu já me iludi tanto... Por que a gente cisma em só querer facilidades?

— Porque a mente quer aliviar a dor o tempo todo. Quer parar de sofrer. Se recebe a mensagem de que você vai ter algo bom e bem rápido, sua mente responde "eu quero".

É por isso que o cara vende a ideia de negociar *bitcoins* com uma rentabilidade de 10% ao mês, enquanto a poupança rende menos de 1%.

A mente responde "Ah, vou ficar rico rápido". Se o comprador quebra, ele leva a família toda.

"Se você fizer uma dieta comigo, eu vou fazer com que você emagreça 20 quilos em apenas dezenove dias." Ele não conta que existe o efeito sanfona, que depois faz a pessoa engordar mais do que emagreceu, que interfere no metabolismo e no funcionamento de todo o corpo.

Se fizer um exame de consciência, o caçador de atalhos concluirá que avança pouco por não ter clareza a respeito do que está fazendo. Alguns até fazem um exame de consciência, não para clarear o que desejam, mas para se vitimizar cavando culpados nos escombros do passado. Pai e mãe são os prediletos.

NA HORA H

— Joel, acho que tenho dificuldade porque eu fui criado...

— Cara, você está com 40 anos e vem reclamar de seus pais?!

— É que eu tenho um trauma de infância...

— Se você reconhece isso, por que não vai tratar?

Sabe por que essa pessoa do exemplo anterior quer sentir essa dor? Porque existe um negócio chamado "ganho secundário". Quando esse cara fala que tem um trauma, ele espera se sentir acolhido. Ao receber um cuidado especial, alimenta-se desse ganho secundário.

Outro exemplo é o marido que chega em casa, depois de trabalhar o dia inteiro, e pede à mulher que faça seu jantar. Ele não quer uma esposa, e sim uma mãe. Se ela topa – sem nem considerar que também trabalhou o dia inteiro e pode estar mais cansada do que ele –, também não quer um marido, e sim um filho.

Só que o casal não percebe isso, até que o cara entra em casa e não pede mais. Ele intima "Cadê minha comida?", sem reconhecer que isso é responsabilidade dos dois. Ele fala desse jeito vitimista ("Trabalhei tanto!").

Ela aceita e, sucumbindo ao próprio cansaço, faz o jantar dele, depois sofre por não achar justo. Como não sabe o que quer desse relacionamento, não vira a mesa.

Em minhas mentorias com empresários que enfrentam dificuldades, quando peço que falem de seus negócios, já tive diálogos semelhantes a este:

— Eu estou sem dinheiro, não vendo quase nada. O mercado está ruim. Preciso fazer alguma coisa, só não sei o quê.

— Você mora com quem?

— Com meus pais.

— Paga alguma conta em casa?

— Nenhuma.

— Quem em sua casa te paparica?

— [*Sorriso sem graça*] Acho que é mais minha mãe.

— Enquanto você for poupado, não vai resolver sua vida. Ou passa a colaborar com as despesas, ou arruma uma mala e vai morar sozinho. Nada como uns boletos na mão ou os vendo entrar por debaixo da porta para fazê-lo levantar da cadeira para se movimentar no mercado.

Esse empresário, assim como tantos outros, quer ter a certeza de que, se errar, terá alguém para dar suporte. Seus pais pensam que ajudam, mas estão "amputando" o desenvolvimento do filho, que não tem disciplina nem exposição ao risco, tampouco processo e muito menos treino. No fundo, todos sofrem pela falta de clareza. Falta um "treinador", alguém que vai falar o que essa família *precisa* ouvir.

NA HORA H

— **Joel, eu estou gorda?**

— **Se você mede por volta de 1,60 metro de altura e está com 98 quilos, já tem sua resposta. Por que você me pede permissão para ver aquilo que está na sua frente? Quer tentar escapar do fato, mas isso só a faz sofrer.**

Eu sei que dói enxergar um fato desagradável. Se existe um impedimento concreto que está sendo obstáculo ao seu objetivo final, a atitude é tratar – seja jurídico, seja de saúde –, e não se apegar a ele para ter um ganho secundário.

Pessoas como a do diálogo anterior vêm validar comigo sua insatisfação na tentativa de que eu fortaleça a desculpa que elas querem dar a si mesmas: "Está difícil emagrecer, mas talvez eu tenha um problema de tireoide" ou "Fiquei mais velho e o metabolismo está mais lento".

Mas o que elas estão fazendo a respeito? O próximo *case* evidencia como a falta de comprometimento e autorresponsabilização leva ao desperdício de tempo.

CASE:
PERDIDO E DISTRAÍDO AOS 36 ANOS

Fábio começa as coisas e para – e isso não é de hoje. É comum mudar de objetivos a todo instante, basta que surja uma oportunidade. No dia de seu aniversário, no Natal, no Ano-Novo, após o Carnaval, no dia das mães… não importa. Ele é perito em ter ideias, sem concretizar nenhuma delas.

Com o passar do tempo, quase todos os amigos ao seu redor já estão com a vida bem encaminhada, enquanto a dele ainda patina. Aos 36 anos, não fez nada de notável. Inicia, mas interrompe constantemente seus planos. Tudo o distrai, desde uma oportunidade de trabalho, uma reunião, a internet, até um churrasco com os amigos.

Ele está incomodado com o rumo que sua vida tem tomado nos últimos quinze anos. Sente-se correndo atrás do próprio rabo e está perdido. Sem felicidade nas esferas profissional e pessoal. Mora com a mãe e pelo visto vai continuar com esse – nada saudável – acolhimento por mais tempo.

AMBIENTE DESFAVORÁVEL

A maneira como uma pessoa foi criada, a cidade em que vive, as pessoas com quem se relaciona, as normas do ambiente ao redor (escola, igreja, padrinhos…) exercem influência. Pensando nos *cases* apresentados até agora, é possível perceber como o Fábio e a Marcela estão reféns do ambiente em que se encontram.

Algumas pessoas vivem e convivem em um lugar inadequado aos seus objetivos de vida e logo se transformam em pessoas medíocres. Esse ambiente faz com que não avancem, potencializando seus medos e a falta de confiança em si próprios.

É humanamente impossível, salvo exceções, que alguém com comportamento produtivo, mentalidade boa, vença um ambiente horroroso. Os que persistem fazem um esforço gigantesco, utilizam toda sua força de vontade (que é finita) para se manter num lugar com padrão negativo, com regras que só dificultam as coisas.

Eu pergunto: até quando desperdiçar seus recursos mentais e emocionais?

Em se tratando de família, não é que tenha de extingui-la, deletá-la de sua vida. Mas há a necessidade de criar outro ambiente mais favorável a você. Por exemplo, aquele menino que não tem o apoio da mãe, do pai, dos irmãos, da tia e do avô deverá buscar uma alternativa para ficar menos tempo nesse ambiente e mais tempo em outro favorável ao seu desenvolvimento.

Pode ser no trabalho, integrando uma equipe de profissionais com atitude empreendedora ou conseguindo uma bolsa para estudar numa instituição com atmosfera pujante. Se puder mudar para a casa de um amigo ou fazer uma viagem para estudar/trabalhar/exercer o voluntariado, melhor ainda.

Digamos que eu queira emagrecer. Só que minha geladeira vive cheia de doces dos aniversários da família. Eles estão me "aguardando". Para não desperdiçar, eu como todos eles. Seria muito mais fácil atingir minha meta de emagrecer se não houvesse esse tipo de tentação no lugar onde moro.

Quando você cria um ambiente favorável fica muito mais possível performar, além de ser uma atitude mais inteligente. Deixe a força de vontade para o ambiente, e não para si. O ambiente faz esse papel.

Paralelamente, ao começar este livro, me dispus a treinar triatlo – uma combinação de natação, ciclismo e corrida, nessa ordem e sem interrupção entre as modalidades. Eu não entendia nada desse esporte. Afinal, fiz história nas piscinas, e o triatlo é no mar e em terra, com um monte de regras que eu desconhecia. Fiz essa escolha exatamente pela novidade, pela curiosidade, pelo desafio.

> # Algumas pessoas vivem e convivem em um lugar inadequado aos seus objetivos de vida e logo se transformam em pessoas medíocres.

PRIMEIRO PASSO: comprei uma bicicleta específica e fui pedalar como um ciclista. No primeiro dia, eu não sabia trocar as marchas, não usava sapatilhas apropriadas, não mantinha um ritmo. Eu sofri. No segundo dia, eu já olhava os rapazes pedalando para aprender o que eles usavam e como se movimentavam. Até que alguns passaram por mim e me alertaram:

— A catraca não deve estar encaixada, porque sua bicicleta está fazendo barulho.

Agradeci, já pensando que agora eu tinha um padrão a observar (catraca encaixada = ausência de barulho).

SEGUNDO PASSO: comprei uma sapatilha para ciclismo, um capacete melhor e roupas mais adequadas, pois eu entendi que podia treinar com uma nova biomecânica. No terceiro dia, senti mais confiança em minha performance. No quarto dia, eu já pedalava bem melhor, ao ponto de conseguir entrar num pelotão de ciclistas que treinava num ritmo que me parecia confortável.

O que eu quero mostrar: o fato de eu ter ido para o ambiente acelerou demais meu processo de aprendizagem. O jeito de pedalar, os acessórios, as regras… Agora, imagine se eu pegasse uma bicicleta e fosse pedalar sozinho, com pessoas que me colocassem para baixo, que não têm o DNA do ciclismo. Eu preferi o inverso: ir para o ambiente adequado ao meu desafio e propiciar que ele me desenvolvesse.

Isso vale para aquele cara que continua num emprego ruim, só reclamando. Suponhamos que tenha uma mente superempreendedora, mas a empresa em que trabalha é conservadora e hierárquica, com pouca liberdade para criar, inovar, questionar, errar e acertar.

Até quando esse profissional vai ficar dando murro em ponta de faca? Ele vai ficar triste, desanimado, achar que o mundo não é bonzinho com ele; mas, quando se conhecer, clarear o que quer, ele vai tomar coragem para dizer "fui".

CASE:
ESTUDIOSOS APESAR DAS BALAS PERDIDAS

Benedito e Vânia não se conhecem. Quiçá se viram alguma vez… Mas suas histórias são parecidas.

Benedito vive em uma comunidade carente – poucas oportunidades chegam até lá. Divide com seis pessoas uma casa de dois cômodos, que alaga quando chove, assim como a de vários vizinhos. Já Vânia sente o drama de morar numa região às voltas com balas perdidas, por causa de confrontos entre facções do tráfico de drogas.

Os dois são evangélicos, avessos a álcool e dedicados aos seus filhos pequenos. Por mais que se esforcem para oferecer condições melhores de vida a todos, o salário mal paga as contas. Não sobra dinheiro para uma especialização, então são clientes assíduos dos vídeos do YouTube. Foi a maneira que acharam, ao menos por enquanto, para suprir a questão das formações técnicas.

O maior desafio de Benedito e de Vânia é prosperar num ambiente tão desfavorável nos aspectos geográficos e, sobretudo, nas competências humanas. Sem esperar por assistencialismo e valorização da meritocracia.

OPINIÕES E PERMISSÃO DOS OUTROS

A pedagoga Marcela é como muitas pessoas que sentem o baque da opinião de membros da família. E geralmente esse poder sobre elas prende seu verdadeiro sonho por anos. Pois, por se preocuparem demais com o que os outros vão achar, dependem de "permissão" para agir, pensando da seguinte maneira:

— Eu queria fazer isso, até gostaria de me arriscar em um novo trabalho, um novo namoro ou uma nova perspectiva de vida. Mas… e o que minha mãe vai achar? O que meu pai vai pensar? O que meu parceiro vai dizer? Eu não posso decepcioná-los.

Nesse cenário, a opinião dos outros é determinante para a falta de atitude (a omissão, o comodismo) ou o retorno do maior interessado ao ponto inicial (depois de ter experimentado fazer diferente e ter gostado!). Então, ele se limita à visão de mundo alheia, temendo desagradar, magoar, desrespeitar quem é de seu sangue, quem lhe deu teto e acolhida, quem ama e/ou obedece.

Claro que seus familiares querem sua felicidade. Mas vão dar conselhos e orientações segundo a ótica… deles. Assim, são as opiniões que às vezes ajudam e às vezes destroem seu futuro. De verdade.

Digamos que um cara queira fazer uma nova faculdade, trancar o curso que começou ou não queira prestar vestibular. Pode ser que sinta vontade de terminar o relacionamento dele. Ou deseje ser parte de um projeto social de sua cidade. Tudo bem perguntar aos pais o que eles, com sua maturidade e experiência, recomendariam. Mas, se ficar dependendo do aval deles para dar um passo, ele está *lascado*.

Eu vejo dois tipos de opinião que podem mais atrapalhar do que colaborar:

- De quem não construiu nada de relevante e não batalhou pelos próprios sonhos, mas adora dizer o que é melhor para o *seu* caso, o que você tem de fazer;

- De quem acha que não vai dar certo e quer convencê-lo disso, quando na verdade quem não consegue é ele.

É fundamental desviar-se disso, tomar muito cuidado com o peso dado às opiniões dos outros. Mesmo aquelas pessoas que são tão carinhosas, que estão próximas, podem dar péssimos conselhos quando não têm legitimidade, autoridade, conhecimento sobre o objeto de sua decisão.

É verdade que grandes personalidades – pai e mãe, chefe e professor, marido ou esposa, médico e advogado, mentor religioso – têm uma força ímpar em nossa vida. Mas, se eles ficarem opinando sobre tudo, ou se formos consultá-los a toda hora, não vai dar muito certo.

> **É fundamental tomar muito cuidado com o peso dado às opiniões dos outros.**

Cada um deve determinar um nível de aceitação dessa interferência. Eu tive uma pessoa de influência muito forte, que foi meu pai. Chegamos àquele ponto de que eu não tomava mais decisões sem antes consultá-lo. Só que, quando meu pai me dava suas opiniões, ele me colocava no filtro *dele*, avaliando conforme o que *ele* acreditava e enxergava ser importante.

Tive de entender que eu não era meu pai, que eu tinha uma identidade própria. A biografia de meu pai é diferente da minha. Tem coisas que eu quero fazer diferente, o que seria difícil se me guiasse pela forma como ele conduziu a própria vida. Então, abri meu coração com meu amado pai e falei algo que pode ser útil a mais duplas de pai e filho:

— Pai, eu não vou concordar com sua opinião. Mas isso não quer dizer que eu desrespeite o senhor. Respeito muito sua maneira de pensar, mas também tenho a minha. E, nessa situação, eu vou pela minha própria cabeça.

— Tem certeza, Joel? E se você errar?

— Que eu erre rápido e aprenda logo.

Falando em pai, conheci outro dedicado em 2008, quando lecionava na graduação em Educação Física: *Neymar da Silva Santos*, conhecido por Neymar pai. Seu objetivo era reunir elementos, argumentos, informações para orientar, preparar, educar melhor o filho.

Eu ainda não sabia quem era o Neymar até que ouvi de outro aluno:

— Tá maluco, ele é o próximo Robinho.

Inteligente, esse pai fazia ótimas perguntas em sala de aula. Cursou três dos quatro anos previstos, porque o sucesso do filho dificultou conciliar tudo. Nesses anos de convivência e troca de experiências, ficamos amigos. Eu frequentei a casa dele, assisti ao filho jogar na Vila Belmiro, estádio do Santos Futebol Clube. Os dois estiveram no lançamento do meu primeiro livro.

Esse pai tem forte influência na vida do filho, mas tanto um como o outro sabem que a decisão final é do filho, e que nem sempre será a mesma que o pai tomaria.

CASE:
DUVIDOU E NÃO FOI ATRÁS DE SUA PAIXÃO

Thamires nasceu em uma família de classe média. Teve do bom e do melhor. Colégio particular, aulas de inglês, viagens e excursões todos os anos. Com profunda influência da igreja e dos costumes familiares, ela foi criada sem que nunca precisasse trabalhar durante sua formação formal. O único objetivo (como a própria mãe falava) era dar seu máximo nos bancos escolares.

O primeiro emprego de Thamires foi na empresa do tio, irmão de sua mãe, com a garantia de um bom salário e estabilidade financeira. Bastante curiosa, em suas investigações profissionais encontrou a área de desenvolvimento humano. Descobriu, então, ser apaixonada por treinar pessoas e ser treinada por elas.

Fez diversas formações em um curto espaço de tempo, o que confirmava cada vez mais que ela estava trabalhando no lugar errado. Ou seja, não fazia mais sentido continuar na empresa do tio, a quem tanto foi grata. Ela estudou bastante nesse período e queria abrir uma consultoria, a fim de fazer o mesmo com outras pessoas, começando com a própria família.

Estava decidida a mudar, mas um grande empecilho tomou conta de sua mente: trocar o "certo" pelo "duvidoso". De um lado, havia o que ela chamava de "estabilidade"; do outro, a liberdade. No meio, sua principal dúvida: deixar um trabalho estável para encarar a vida no mundo do empreendedorismo.

PENSAR MUITO E AGIR POUCO

O outro extremo do imediatismo é igualmente temerário. O perfeccionismo, que no passado já foi visto como qualidade e virou clichê nas entrevistas de emprego, é uma praga. Ao superestimar uma ação, a pessoa pode estar se ancorando numa desculpa esfarrapada para algo que não quer fazer. Aliás, não *vai* fazer (preferiria se livrar disso), mas sente dificuldade de assumir para alguém ou até para si mesma.

Só existe uma pessoa que não erra: aquela que não tenta. Portanto, em vários momentos é mais inteligente deixar a perfeição de lado para colocar as ideias em prática. Enquanto elas estiverem só na cabeça, ninguém saberá se são boas, se resolvem um problema da sociedade.

O perfeccionismo é um dos comportamentos que mais afeta a produtividade das pessoas. É só pensarmos que aqueles que dominam o que fazem trabalham naquilo com facilidade, enquanto muitos não entregam por não estar perfeito ainda, tendo certa dificuldade para terminar.

Antes feito do que perfeito. Às vezes empacamos, barramos nossos planos, fazemos um *mimimi*, enquanto o tempo esgota e a paciência dos outros também. Há pessoas que contam uma historinha explicando por que elas não têm as melhores condições – mas não são elas que determinam o sucesso. Ayrton Senna pilotava ainda melhor quando chovia, tornou-se uma referência nessa adversidade.

Dá para desconfiar quando o profissional manda ao cliente ou ao chefe a mensagem "vou atrasar pois ainda não está 100%" sem indicar novo prazo. Colocar a culpa no perfeccionismo denuncia que essa pessoa não sabe se analisar. O mais provável é que não tenha concluído por falta de capacidade, comprometimento, gestão do tempo etc.

É uma maneira de pensar de quem terceiriza sua responsabilidade. De novo, não tem clareza do que ela quer e do que faz melhor que a maioria. Com isso perde tempo. O professor Mario Sergio Cortella faz uma analogia simples para ensinar o senso de urgência:

"Ninguém leva o seu carro ao lava-lerdo, e sim ao lava-rápido." [2]

2 Cortella, Mario Sergio. *Qual é a tua obra? – Inquietações propositivas sobre ética, liderança e gestão.* Rio de Janeiro: Vozes Nobilis, 2009.

CASE:
TEREZA E CLARISSA

Tereza e Clarissa são duas profissionais comprometidas e experientes. Suas vidas foram recheadas de muito trabalho e dedicação. Embora sejam sócias, elas são diferentes em diversas áreas, mas em uma especificamente são iguais: na incapacidade de tomar decisões rápidas. Pensam demasiadamente e querem o cenário de suas ações completamente claro antes de agir. Isso impede os avanços e faz com que elas percam muitas oportunidades. A maior delas é de aprender na tentativa e no erro. Preocupam-se com a opinião dos outros e reconhecem esse problema. Mesmo assim, elas ainda têm dificuldade de avançar em meio à avalanche de opiniões alheias. Essa falta de inteligência emocional e a incapacidade de entrar em ação fazem com que as duas se sintam impotentes e frustradas.

DIZER "SIM" QUERENDO DIZER "NÃO"

Muitas pessoas sofrem demasiadamente e ficam sobrecarregadas por concordarem com o que não deveriam. Elas não queriam ir a uma reunião, mas vão. Daí, deixam de fazer outras atividades-chave.

Ao evitar dizer "não", geralmente por receio de desagradar os outros, não colocam atenção naquilo que é mais importante para si próprias. Simplesmente aceitam fazer o que foi pedido ou ordenado, pois não têm clareza do que querem e produzem de modo medíocre.

O pesquisador Jia Jiang, em seu livro *Sem medo da rejeição: como superei o medo de ouvir um "não" e me tornei mais confiante*, criou mais de cem situações passíveis de rejeição e foi testando uma por dia. Tudo isso para mostrar que ninguém morre por rejeição nem precisa de atenção para executar suas tarefas pessoais e profissionais ou está fadado ao insucesso.

Ao se colocar em situações constrangedoras repetidas vezes, Jiang provocou uma dessensibilização em relação ao seu trauma de infância e medo crônico de interagir com as pessoas, a fim de obter o que era preciso para seu sucesso na vida. Tem muita gente que deixa de fazer o que tem vontade achando que enfrentará rejeição e desmoronará.

O "sim" geralmente aparece de maneira óbvia. Sai fácil da boca, explode na nossa mente, faz o outro sorrir quando seu pedido é atendido. Pense agora no contrário. A mãe sofre para dizer "não" a um filho; culturalmente, aprendemos que negar algo a alguém é pecado. Nós crescemos e confundimos os conceitos.

NA HORA H

— Você gostou dessa roupa?

— Ah, não sei...

Por que não falar logo que quer outra roupa? Se tivesse gostado, teria dito "sim" com naturalidade.

Pessoas com facilidade de dizer "não" são as que mais valorizam o seu tempo e a sua energia. "Talvez", "vou pensar", "pode ser que eu faça", "ainda não sei" – tudo isso quer dizer "não". Quando você sabe o que quer, fica bem mais habitual expressar essas três letras libertadoras.

> **Pessoas com facilidade de dizer "não" são as que mais valorizam o seu tempo e a sua energia.**

CASE:
REGINALDO

Reginaldo é um homem conhecido por ter o coração grande. É muito sociável, adora ter todas as pessoas ao seu redor e é carinhoso com todas elas 100% das vezes. Essa característica muito admirada em diversas relações afetivas também tem seu ponto negativo quando se trata de seus negócios. Reginaldo tem uma dificuldade tremenda em dizer "não" às oportunidades que cismam em aparecer diariamente em sua rotina e, sobretudo, para as pessoas. Por desejar o reconhecimento e o amor de seus pares, ele constantemente centraliza quase tudo para si. É como se fosse um caçador de "coisas para fazer" dele e dos outros. Enfia-se em diversos projetos e acredita que pode dar conta de todos eles. Resultado: não faz nenhum deles em alta performance. Tudo isso porque é incapaz de dizer "não" e porque tem uma necessidade constante de ser amado pelas pessoas ao seu redor.

Em 2012, meu ex-aluno e amigo Neymar pai contou que ia abrir um instituto e me convidou para cuidar da parte da piscina. Quando ficou pronto, ele mudou de ideia:

— Vem cuidar de tudo.

Praticamente montei o Instituto Neymar junto com ele, nas esferas pedagógica, esportiva, administrativa. Liderava uma equipe grande e conhecia famosos, empresários e outras personalidades incríveis do Brasil e do mundo. Foi nesse desafio que desenvolvi enormemente meu lado gestor. Faltava treinar dizer "não".

Em 2015, ouvi do CFO do instituto, que é meu mentor até hoje, o seguinte:

— Joel, você precisa aprender a ser líder. Você quer ser amado ou quer ser respeitado?

— Lógico que eu quero ser respeitado.

— Só tem uma maneira: sendo profissional. E, se continuar preocupado em agradar todo mundo, não vai conseguir. Você precisa aprender a dizer "não". Falar o que realmente quer, do jeito que você quer e para quando. Enquanto esperar ser amado, você não será um bom líder.

Isso foi tão importante para eu gerenciar melhor meu tempo e minha energia! Eu entendi que seria mais produtivo para todos se eu buscasse respeito, e não amor. Sendo respeitoso também, profissional, determinado, com uma visão muito clara dos meus papéis e do que a empresa esperava de mim.

Uma das consequências: eliminei reuniões que não faziam sentido. Outra foi aprimorar minhas habilidades com a equipe sabendo como abordar, dar feedback, (re)orientar, olhando nos olhos das pessoas e falando a verdade, agindo com muita seriedade.

Quantos evitam dizer "não" por quererem amor como moeda de troca? Não recebem e sofrem ainda mais, porque deixam de realizar suas prioridades, bastando que alguém peça "por favor, você poderia...".

Se você não sabe dizer "não", não vai estar 100% presente naquilo que interessa – tema central deste livro, que aprofundaremos no próximo capítulo.

SE VOCÊ NÃO SABE DIZER "NÃO", NÃO VAI ESTAR 100% PRESENTE NAQUILO QUE INTERESSA – TEMA CENTRAL DESTE LIVRO, QUE APROFUNDAREMOS NO PRÓXIMO CAPÍTULO.

ESTEJA 100% PRESENTE

78 VALE MUITO MAIS O AGORA

80 COMBATENDO A OBESIDADE CEREBRAL

81 A HORA H ALÉM DO DIA D

83 SUCESSO É PROCESSO

Muitas pessoas se preparam para o dia D, mas poucas para a hora H. Esse movimento pode durar apenas milésimos de segundo, mas é o suficiente para gerar uma profunda transformação e sucesso – ou fracasso. Foco e atenção plena, que nos fazem ter clareza do que precisa ser feito e nos mantêm presentes nas ações determinantes para cada objetivo traçado, significam uma valiosa economia de tempo, dinheiro, saúde e energia vital. Por isso, a mensagem central deste livro, comprovada na vida das pessoas bem-sucedidas e que alicerça todo o treinamento que apresentarei nas próximas páginas, é: *Você só vai vencer quando estiver 100% presente.*

Mesmo sabendo que toda oportunidade é uma oportunidade, mas nem toda é para você, estar 100% presente vai permitir distinguir uma da outra. E estar 100% presente implica dar a devida importância a três competências treináveis: dominar a mente, ajustar o foco com precisão e ter disciplina *até* conquistar o que quer.

O vencedor não é um ser divino. É um cara mediano, mas com muito foco. Ele não tem alta performance 24 horas diárias, ele é humano. Mas, com toda certeza, tem alta performance na hora H. Ou seja, desenvolve uma capacidade de executar sua tarefa com precisão e concentração no momento e no lugar certos. Isso é treinável.

Esse foco tem de ser tipo "mira laser". É aquela mira precisa, sem desperdício de "munição" na forma de energia, que vai toda para um único ponto, crucial ao seu plano. E dali não será desviada por nada nesse mundo. Zero distração. Bem diferente de ficar atirando para todos os lados e só depois descobrir se acertou o alvo que queria ou não.

Os atletas que você tanto admira por suas vitórias poupam ao máximo energia e preparam esse foco "mira laser" para a hora H. De alguma maneira, seguem estas regras básicas de concentração:

REGRA 1 Eles já aprenderam que devem fazer *apenas* aquilo que é mais relevante para seus objetivos.

REGRA 2 Eles eliminam *toda* e *qualquer* interferência capaz de atrapalhar a conquista desses objetivos.

REGRA 3 Eles escolhem concentrar-se no estado presente e, assim, conseguem fazer *aquele* movimento com poder de mudar seu cenário, sua história, seu futuro próximo.

VALE MUITO MAIS O AGORA

Vivemos numa sociedade muito barulhenta. A maioria das pessoas mal se escuta e não consegue estar 100% presente. Ou vive no passado, presa pelo rancor e pela angústia de situações não superadas, ou está tentando antever o futuro, o que traz muita ansiedade.

A coisa mais comum é alguém ou um grupo responder o que eu não perguntei, além de não deixar que eu termine meu raciocínio. Sinais fortes de que está querendo viver o futuro – em vão.

NA HORA H

— **Você escutou o que eu disse?**
— **Nossa, Joel, é que eu já estou pensando lá na frente: em tudo que vai acontecer, nos planos se realizando...**
— **Pode voltar. Temos que focar, primeiro, naquilo que está acontecendo AGORA.**

No esporte, há uma máxima: o foco é sempre no jogo, e não no que está em jogo. Significa que você tem de estar inteiramente ali, naquele instante decisivo. O que há ao redor? Nada. Os barulhos não representam nada. Quem está ao redor? Ninguém. Nem família. É como se existisse apenas você na hora H.

Todas as vezes que fui um grande competidor e venci, estava no estado presente. Eu me desliguei do que *poderia* ocorrer e me concentrei nas atividades que eu tinha de realizar em cada segundo, cada braçada, cada respiração, cada impulso, cada etapa da prova.

Também não estava ligado nos nadadores que disputavam o ouro comigo nas outras raias. Temos um desempenho magnífico quando não pensamos em nada, apenas sentimos e vivemos

Foco e atenção plena, que nos fazem ter clareza do que precisa ser feito e nos mantêm presentes nas ações.

o que está acontecendo ali, concretamente. O passado já acabou e o futuro ainda não existe.

O dia D é para pensar, organizar, estruturar seu caminho de sucesso, programando como vai se desenvolver, por exemplo. Na hora H... é fluidez: vá lá e deixe fluir o que você já sabe que tem de fazer e para o qual se preparou tanto! Dessa forma, a alta performance será uma consequência natural.

COMBATENDO A OBESIDADE CEREBRAL

Enquanto competia, eu não estava preocupado se ia ganhar a medalha, ser convocado para a seleção brasileira, melhorar a pontuação do meu clube. Eu estava focado no jogo em si. Médicos e outros estudiosos do desenvolvimento humano chamam essa atenção plena de *mindfulness*.

Nossa mente bem que tenta escapar para pensamentos secundários, como o barulho lá fora, o parente que ficou magoado, o boleto que vence amanhã. Quanto mais difusa, mais ela nos tira do estado presente. A grande sacada é desenvolver a habilidade de trazer a mente de volta ao nosso foco de interesse. Quem manda em quem nessa história?

Aprender a gerenciar os pensamentos se faz mais necessário ainda nesses tempos de *information overload* (sobrecarga de informação). A avalanche de notícias, dados, opiniões, depoimentos... pode ser mais prejudicial ao foco do que a exaustão ou o consumo de maconha. Forte, não é? Pois é. É o que indica um estudo publicado pelo neurocientista Daniel Levitin em seu livro A *mente organizada: como pensar com clareza na era da sobrecarga de informação*.

São tantas informações acessíveis a um clique que acabamos ficando viciados nelas, temendo perder alguma e querendo saber cada vez mais, mesmo não processando tudo direito. É uma competição acirrada por atenção que lota o cérebro com tantas sinapses e conectividades, que bagunça mais a mente do que sob efeito de drogas.

Eu mesmo estou experimentando uma situação curiosa: faço *lives* (vídeos ao vivo) na internet de madrugada, e tem muita gente acordada às 5 horas da matina. Minhas *lives* felizmente lotam. Só que um amigo meu começa a dele sempre às 6 horas da manhã, logo depois que termino as minhas. E há um terceiro amigo que inicia às 7 horas. São três horas seguidas de informações para os internautas que curtem nossos temas.

Se não filtrar aquilo que precisa ouvir *naquele* momento, vicia mesmo! E cria o que se chama hoje de obesidade cerebral, pois é difícil absorver essa sobrecarga de informações e transformar em ação na mesma proporção. É fundamental ter um olho na informação e outro na ação, balanceando esses dois polos do sucesso, como mostrarei nos próximos capítulos.

A HORA H ALÉM DO DIA D

A partir deste momento, proponho a você continuar se preocupando com o esforço no dia D – e prometo detalhar os vários passos que os atletas estruturam em seu plano de vitória e que todo mundo pode aprender – e MAIS ainda com o desempenho na hora H.

Nos momentos mais decisivos, a última coisa que você e eu queremos é amarelar. Portanto, lembre-se de que o esforço é importante na vida, mas o desempenho vence de lavada. Eu já comprovei com minhas vitórias que conseguimos ter desempenho máximo quando estamos 100% presentes. É difícil, mas temos que aprender e treinar isso.

NA HORA H

— **Joel, mesmo quem se distrai facilmente consegue treinar foco?**

— **Vou responder com outra pergunta: "O que acha do desafio de treinar APENAS seu foco?".**

É fundamental ter um olho na informação e outro na ação.

Eu estudo muito esse assunto e percebo que existem diversas ferramentas que ajudam a ajustar o foco no próprio sucesso, com economia de energia e de tempo "batendo cabeça". O resultado é mais vida.

Vou partilhar com você como treinar esse foco a partir dos próximos capítulos. Estar 100% presente é uma das coisas que eu sei fazer de melhor. Até hoje não chego atrasado aos compromissos, sou disciplinado e tenho clareza em meus propósitos. Quem acompanha meus cursos e treinamentos sabe que eu não pisco, não pego no celular e não deixo passar nenhum detalhe. É olho no olho o tempo todo. Eu tenho foco absoluto em três áreas:

1. Em mim;
2. No outro;
3. No ambiente.

Foco é o maior dos meus poderes. Foco e presença. Quando as coisas não vão bem comigo, o problema primordial está no foco. Quando o foco e a presença são 100%, tem uma escola de samba dentro de mim, em termos de energia, pronta para ganhar nota 10 na avenida.

Brincadeira à parte, focar é colocar conscientemente toda a atenção em determinada tarefa. Só pensar nela. É por isso que a meditação hoje é muito mais valorizada. Ela é terapêutica, ganhou um aval científico. Meditar com a técnica de *mindfulness* é pensar estando em estado presente.

Como fazer uma **autoanálise** para saber exatamente o que você quer sem focar no AGORA? O mesmo vale para os outros quatro passos do método que desenvolvi e apresentarei nos próximos capítulos: **agir imediatamente** dando chance ao hábito, ter uma **mentalidade adequada**, **treinar** para lapidar o talento e ganhar **consistência** refinando o processo.

SUCESSO É PROCESSO

Todas as pessoas bem-sucedidas que conheço foram fruto do ambiente, do trabalho, da disciplina, da prática deliberada, e está tudo nesse método. Se você acha que um bom vendedor já nasce bom, ou que um bom palestrante já nasce pronto, não vamos bater nossa fala. Agora, se você acha que as pessoas podem desenvolver competências e habilidades e melhorar *o tempo todo*, então nossas mentes vão se casar.

Minha cabeça de atleta começou a criar padrões de conduta, que vou partilhar aqui. Por exemplo, quanto mais me desenvolvesse, quanto mais treinasse, melhor eu ficaria. Sucesso é treinável, sim. Não tenho dúvida disso. Eu fui vendo na prática um casamento sólido entre treino e vitória, esforço e mérito.

Um valor também cresceu muito forte dentro de mim: o compromisso de mentorar as pessoas. Aprendi na infância que o exemplo não é importante, ele é tudo. Por isso, nunca vou dizer algo que não aplico em minha rotina, só para ganhar *likes* e aplausos. Eu não acredito em pessoas que pedem a você que faça as coisas, mas elas mesmas não as fazem. Até quando, cara?

Meu negócio é empoderar as pessoas por meio da educação. Não existe essa de terceirizar educação, família e resultados. Esse é um dever nosso! Neste livro, eu falo de temas dos quais várias pessoas falam. O que tem de diferente? O *como* faço e *como* as pessoas ficam. Esse é meu diferencial.

Eu não gosto da liderança carismática e sem conteúdo. Está cheio por aí. Meu compromisso é com as competências das quais tenho *know-how*. O treinador tem de ser sempre simpático? Não! Tem de ser sempre profissional, trabalhar com sua verdade.

Os temas de meus treinamentos podem ser considerados tradicionais, mas o jeitão não. O COMO é diferente. A pimenta é diferente por eu alinhar com os propósitos do movimento 3Ps. Explico: foi a maneira que eu encontrei de simplificar um ensinamento de meu pai.

Conversando na cozinha de casa, alguns anos antes de sua morte, ele estava interessado nas atividades que eu desenvolvia e me passava dicas, como o grande mentor que sempre foi. Era um exemplo de percepção e sensibilidade para captar a essência das pessoas, de empatia e de liderança.

— Filho, você tem de continuar fazendo isso tudo. E daqui a pouco também deve pensar em aumentar sua família, ter filhos, para dar continuidade. Afinal, pessoas precisam de pessoas, não é?

— Que legal isso! Pessoas Precisam de Pessoas. Vou colocar essa frase em meus planos.

E assim surgiu o movimento 3Ps, que tem a seguinte jornada:

- **Inspirar** – Você precisa procurar ambientes com pessoas inspiradoras. Neles, você ouve, vê, ri junto, troca ideias, tira dúvidas, lê um livro que indicaram, fica sabendo de um curso ou uma palestra que vale a pena conferir, conhece histórias construtivas... São estímulos externos que tocam seu íntimo.
- **Motivar** – Ao tocar em seu íntimo, no tesouro energético que está guardado dentro de seus propósitos, isso provoca o desejo de sair do ponto em que está e querer melhorar. *Caramba, quero fazer isso, gostei, tem relação com o que eu desejo para minha vida!*, pensa.
- **Transpirar** – É quando você começa a agir. Passa a fazer aquilo todos os dias. Quando comecei a publicar meus treinamentos, por exemplo, eu ia para a internet diariamente, postava novidades sempre; e quase todos os fins de semana eu fazia cursos. Eu estava transpirando.
- **Transformar** – Só nos transformamos depois que transpiramos. Na ação que eu iniciei, botei consistência (faço todos os dias), congruência (o que eu peço às pessoas que façam, também faço) e legitimidade (não tem certo nem errado, tem o que funciona porque eu acredito e pratico, com excelentes resultados). Quando eu transformo, já sou a melhor versão de mim desde que me inspirei.
- **Retornar** – É a última etapa, quando quero (não preciso que ninguém mande ou decida por mim) voltar a me inspirar, para me

motivar mais e transpirar e me transformar numa pessoa e profissional cada vez melhor. Eu também retorno para inspirar outras pessoas, a fim de que fiquem motivadas e comecem a transpirar para se transformarem em uma versão melhorada de si mesmas.

Eu confio no movimento 3Ps, faço parte dele e convido você a participar, trazendo mais gente, sem deixar ninguém para trás. Se fosse uma imagem, seria uma espiral crescente, de dentro para fora, que nunca acaba, pois *pessoas precisam de pessoas*.

NA HORA H

— Joel, eu mudei e estou bem melhor.
— Agora retorne ao início e traga mais pessoas.

O mais gratificante desse movimento é que a mudança vai acontecendo durante a jornada. Não estamos melhor apenas quando retornamos. Desde quando se inspira, já é diferente, já se conhece e se gosta mais. É por isso que não acredito em sucesso natural, e sim em processo.

O método que explicarei a seguir, para estar 100% presente em seu processo de sucesso, foi construído com todas essas bases e contém uma sequência lógica. Vamos ao primeiro dos cinco passos, **autoanálise**. O treino vai começar agora.

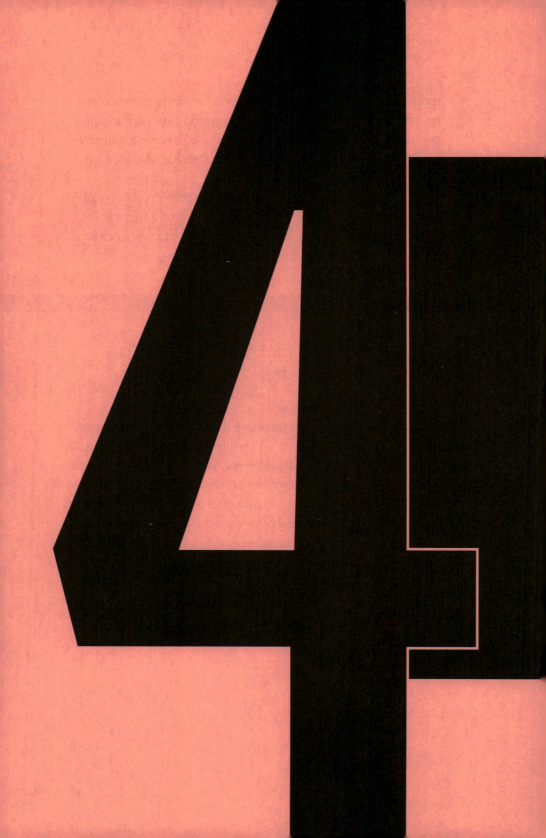

AUTOANÁLISE: VOCÊ NADA A FAVOR DA MARÉ?

91 ENXERGUE E ELIMINE AS INTERFERÊNCIAS

92 CONSTRUA A PORTA DA OPORTUNIDADE

93 INVESTIGUE O QUE FAZ DE MELHOR

95 NÃO CONFUNDA ROTINA COM MONOTONIA

97 FAÇA POR MERECER DE VERDADE

98 ENTENDA SEU MEDO E ENCONTRE CORAGEM

99 TOME A MELHOR DECISÃO PARA VOCÊ

Nesses últimos tempos, tenho percebido que muitos acadêmicos, em suas propostas teóricas, investiram tempo, energia e até dinheiro para afirmar que as pessoas alcançam melhores resultados quando adotam esta máxima: "Mude sua maneira de pensar e, assim, mudará seu modo de agir".

Eu também acredito nisso, mas acho que está incompleto. Hoje, acrescentaria uma reflexão mais urgente, antecedendo as outras estudadas nas universidades – mudar seu ambiente. Em vez de ficar seguindo o mote "mude sua mentalidade e, assim, mudará de atitude", eu prefiro "mude de atitude, pois isso vai mudar sua maneira de pensar".

Analise comigo: se o ponto de partida fosse mudar de pensamento, todo mundo ficaria rico só de ler o *best-seller Pai rico, pai pobre*, de Robert Kiyosaki e Sharon

Lechter. As pessoas que realmente caminham para a independência financeira são aquelas que procuram estar em um ambiente que favoreça essa prosperidade e tomam atitudes diferentes da maioria, que podem ser as sugeridas pelos autores investidores ou não.

O que mais muda a maneira como as pessoas pensam e transformam tudo em seu entorno é o ambiente. Portanto, uma reflexão que vale a pena fazer é sobre o impacto que seu ambiente – nas esferas familiar, profissional, social – exerce hoje em sua vida. Se não é tão positivo assim, você precisa fazer uma análise sobre como mudar isso, pois facilitará mudar sua mente.

Se está morando numa casa de hábitos e sentimentos tóxicos, que acaba prejudicando sua saúde mental e física, a única coisa que sobra é a força de vontade para se salvar, conforme ressaltei no capítulo 2. Se convive a maior parte do dia com profissionais que falam mal uns dos outros e boicotam quem deseja projeção na carreira, o que sobra? Força de vontade para lutar com essa torcida do contra.

É como tentar correr com uma bola de ferro presa no pé ou nadar contra a correnteza.

Quando eu nadava, participei de algumas competições no mar. E todo nadador procura um ponto fixo para se guiar. Pode ser um farol ou um prédio na costa, em paralelo ao trajeto da prova. Eu estava dando meu máximo, mas, quando erguia a cabeça para respirar, percebia que aquele mesmo farol ou prédio continuava no mesmo lugar. Sabe por quê? Eu estava nadando contra a maré.

Eu podia fazer a força que fosse e quase não avançava, embora estivesse gastando muita energia. É o que eu chamo de esforço burro, pois o inteligente ocorre a favor da maré.

Digamos que você queira estudar com bolsa no exterior, emagrecer para amar sua imagem no espelho, ganhar seu primeiro milhão de reais ainda jovem ou qualquer outro objetivo. Deve perguntar-se: "Será que estou num ambiente favorável?". Ou está perto de pessoas que não o incentivam, não patrocinam, não apoiam nem sequer entendem o que você quer?

Nessa hora, alguém pode dizer: "Melhore sua maneira de pensar, seu jeito de enxergar as coisas". Você pode até conseguir, mas precisará fazer

ENXERGUE E ELIMINE AS INTERFERÊNCIAS

Gosto de aplicar a seguinte fórmula: desempenho é IGUAL a utilizar seu potencial MENOS as interferências (que podem ser de pensamento).

Um exemplo frequente é o da garota que ficou por um ano estudando absurdamente para passar no vestibular. Quando chegou a hora da prova, em vez de concentrar-se no que precisava fazer, utilizando o conhecimento acumulado, começou a pensar: *e se eu não passar? E se não der tempo de preencher tudo? Meu Deus, estou nervosa*. Conclusão: deu branco. Ela colocou seu foco no que estava em jogo e, por isso, teve uma performance ruim.

É por isso que eu digo que empenho é diferente de desempenho. Essa estudante se empenhou ao máximo, mas na hora H não teve o desempenho que pretendia, porque não conseguiu focar o estado presente, eliminando de sua mente as interferências.

NA HORA H

— Joel, eu tenho potencial, acredito que posso mudar o rumo de minha vida. Só não decidi como...

— Mas eliminou as interferências? Se você só conta com a força de vontade para decidir, falta clareza sobre o que está atrapalhando.

Se você tem pouco potencial e poucas interferências – ou muito potencial e muitas interferências –, não deverá ter um bom desempenho. O ideal é ter muito potencial e poucas interferências, sabendo que elas surgem com muita força na hora H.

Se pensamos em coisas que não queremos, ficamos martelando na cabeça o que (achamos que) vai acontecer no futuro, isso rouba energia e foco que deveriam estar voltados ao estado presente. Saímos do eixo e perdemos a chance de utilizar todo o potencial. Às vezes, essa chance não se repete mais. Ou pode ser que leve muito tempo para se repetir. Enquanto espera, imagine só como você vai se sentir.

CONSTRUA A PORTA DA OPORTUNIDADE

Outra ideia para questionar é: "Fique atento, pois um dia a oportunidade bate à sua porta". Não. Ela é a própria porta que você constrói. Então, mãos à obra! Se você esperar a oportunidade chegar, vai continuar ESPERANDO. Ninguém deve nada a você nem a mim. Nosso sucesso é responsabilidade nossa.

Caramba, como tem gente que fica aguardando a oportunidade chegar! Não existe oportunidade desperdiçada, simplesmente porque, se alguém "dá mole", outra pessoa pega. Ninguém está sozinho. Há vários competidores percebendo que ela está ali.

Dessa maneira, o foco e o estado presente fazem agir com inteligência diante de uma oportunidade, inclusive para perceber quando não é boa para o que *você* quer. Quem perde isso acha que tem de abraçar todas as oportunidades. No entanto, o que deve ocorrer é o inverso: você tem de saber dizer "não" a muitas delas e direcionar a "mira laser" com sua energia, atenção, prática deliberada para a que mais interessa naquele momento.

Essa clareza evita o esgotamento do ego e faz nascer uma coisa muito grande, que é a consciência…

… do que **eu quero**;

… do por que **eu quero**;

… do em quanto tempo **eu quero**;

… do que pode acontecer com minha vida caso eu não atinja isso que **eu quero**;

… de quem mais pode se beneficiar se eu conseguir o que **eu quero** ou se prejudicar se eu não conseguir o que **eu quero**.

Essa autoanálise ajuda a focar o objetivo e construir as oportunidades para alcançá-lo e ainda eleva o autoconhecimento. É importante investir em autoconhecimento, porque suas decisões são fortemente influenciadas pelo campo de visão que você tem, e também em inteligência emocional, para combater seus medos e adquirir segurança para decidir.

> ## Se você esperar a oportunidade chegar, vai continuar ESPERANDO.

INVESTIGUE O QUE FAZ DE MELHOR

Investir em autoconhecimento é essencial a quem ainda não sabe o que faz de melhor. Afinal, todo mundo tem uma habilidade que realiza com facilidade acima de qualquer outra e melhor do que a maioria das pessoas. É mais fluido e mais natural. Pois bem, é nesse tal de talento, dom ou predisposição que mora nossa grande chance de fazer a diferença no mundo.

Como eu disse no capítulo 1, eu tinha habilidade corporal, mas não me adiantava nada sem treino. Para aquela pessoa que ainda não sabe o que faz de melhor, aumenta a chance de descobrir a resposta investigando ou pela facilidade ou pela curiosidade.

Primeira pergunta a se fazer: "O que eu faço com uma FACILIDADE acima da média das pessoas?".

Se não encontrar a resposta, parta para: "O que eu faço que me traz profunda CURIOSIDADE, me faz buscar informação, querer saber mais?".

Naquilo que você faz com tanto prazer que nem se lembra de comer, naquilo a que se dedica com afinco e vontade de aperfeiçoar, existe uma chance real, viável de descobrir uma atividade profissional na qual será bem-sucedido.

NA HORA H

— Joel, eu sei o que tenho de fazer, mas eu não faço.

— Se não fizer a mudança agora, o que de pior pode acontecer à pessoa que mais ama e que depende dessa atitude sua?

— Ah, meu filho não vai ter meu respaldo financeiro para estudar em boas escolas.

Essa é uma pergunta que nos obriga a refletir e nos estimula a agir HOJE mesmo. Geralmente, quando a tomada de decisão envolve filhos ou pais idosos, a pessoa percebe uma resiliência (capacidade de um corpo deformar e voltar ao seu estado natural) que talvez nem soubesse que possui.

Nesse momento, ela muda porque DECIDIU, e sua maior motivação foi o medo de perder. É comum dizer:

— Não dá mais para ficar neste ambiente. Eu estou perdendo tempo, liberdade, dinheiro, oxigênio. Só estou envelhecendo e sinto que não estou melhorando, evoluindo.

Quando as pessoas incluem aqueles que amam na grande "fotografia" de sua vida, elas trazem para o primeiro plano, percebem que não dá mais para empurrar para debaixo do tapete a necessidade de reflexão. Quando refletem seriamente, elas se conscientizam. E, quando se conscientizam, elas se responsabilizam por sua transformação.

NÃO CONFUNDA ROTINA COM MONOTONIA

Outra atitude que muda radicalmente a sua vida e a de todas as pessoas é conseguir fazer coisas importantes ou até indispensáveis de maneira automática, poupando esforço. O nome dado a isso? Rotina. Aparece com frequência nos namoros e nos casamentos, quando um diz ao outro:

— Acho que nosso relacionamento caiu na rotina. Precisamos dar uma sacudida ou não vai durar.

Cuidado, pois o que mais vejo é gente confundindo as coisas. Rotina é aquilo que fazemos automaticamente. Tanto você como eu temos várias e precisamos delas. É bom que existam, pois dispensam a mente de pensar e de precisar nos avisar o que devemos fazer e como: a começar por escovar os dentes, dizer bom-dia a quem cruza o caminho, dirigir ou caminhar até o trabalho… Economizam energia para o que interessa.

O que ninguém gosta é de monotonia na vida. Com razão. A grande sacada é fazer todos os dias as mesmas coisas de maneiras diferentes. Digamos que você almoce sempre num restaurante dentro do trabalho ou próximo dele. Se tiver a mesma comida, sem variedade, vira monótono.

Outro exemplo: exercitar-se sempre na academia de ginástica é saudável. Mas fazer a mesma série, com a mesma intensidade, nos mesmos aparelhos e na mesma sequência, ouvindo o mesmo tipo de música, é monótono. E tanto faz se esse treino é fraco ou forte no estímulo, na carga, no tempo, no tipo de exercício. Sendo sempre igual, enjoa.

É aí que mora o perigo de desistir ou tomar decisões equivocadas: quando o problema não está no hábito de fazer atividade física, mas no COMO.

Depois de palestrar numa empresa, ouvi de uma senhora que finalmente havia entendido o que precisava mudar em seu casamento:

— Tudo que eu não queria é ser como minha mãe, que deixou o casamento com meu pai cair na rotina. Mas estou tentando que o meu seja diferente, mas também não está funcionando. Ninguém nunca tinha me dito que meu foco deveria ser outro.

NA HORA H

— Joel, eu estou enjoando do meu trabalho.
— Você deve estar enjoando da maneira como está executando seu trabalho.

Essa confusão está acontecendo frequentemente no trabalho, com muita gente reclamando do que faz, quando o problema está na monotonia. Sem essa reflexão, podem achar que a solução é mudar de carreira e mais na frente se arrependem, perdendo preciosos anos de vida. É aquele cara que repete "nunca estou satisfeito" e acaba voltando para a atividade profissional de cinco anos atrás. Ele pensa: "Rodei, rodei, até concluir que eu era melhor naquilo que fazia antes".

Agora, você pode refletir se está tendo rotinas ruins (como acordar perto da hora do almoço) para melhorá-las. As pessoas mais produtivas têm rotinas ao longo do dia, enquanto as menos sentem dificuldade de criar rotinas positivas. Grandes empresários têm rotinas e ainda trazem para si novos desafios, que seguem de maneira muito disciplinada e nada monótona.

Cito a turma do 5am Club, que já está acordada às 5 horas da manhã, não por obrigação, mas para ter mais produtividade e foco. É um movimento mundial, do qual eu faço parte e que está crescendo no Brasil. Nesse horário, já estou ativo na internet, começando as *lives*.

Os adeptos, chamados de *high achievers* ou grandes realizadores, têm um ritual matinal bem definido, que recarrega suas baterias diariamente. Pode incluir fazer atividade física, tomar café da manhã em paz, meditar ou visualizar só coisas positivas para o dia que começa, ler notícias ou ouvir algo inspirador, escrever suas ideias, conectar-se com sua espiritualidade… Essas pessoas querem uma vida sem monotonia.

A boa notícia é que todo mundo pode valorizar as rotinas eliminando a monotonia. Com criatividade, inovação, diversidade, mudanças de algum tipo na forma como se trabalha, ama, conduz cada dia, criando assim um ciclo virtuoso, e não vicioso.

FAÇA POR MERECER DE VERDADE

Faz parte da autoanálise desfazer outra confusão bem comum, entre esforço e mérito. Mérito é merecer, simples assim.

Numa partida de futebol, por exemplo, jogam dois times que eu adoro: Corinthians × Santos. Nasci em Santos, tenho muitos amigos que passaram pelo Peixe, incluindo o Neymar Júnior, mas sou corinthiano. Imagine, então, que o Santos ataca, domina o jogo, dá trabalho à defesa adversária, fica com 90% do tempo com a posse da bola, está se empenhando demais.

Zero a zero, até que, faltando dois minutos para o apito final, o Corinthians balança a rede e vence. O que os comentaristas costumam dizer, ao vivo, enquanto os jogadores voltam ao vestiário? "Quem merecia ganhar era o Santos."

Eu discordo. Quem mereceu ganhar a partida foi quem fez o gol. Não era esse o principal objetivo? Não importa se o Corinthians estava meio apático e perdido em campo. Quem mereceu foi quem conquistou o gol.

Não necessariamente a pessoa ou o time que se esforça conquista o mérito. Mas é impossível ter mérito sem esforço. Um dos melhores exemplos disso foi do ex-maratonista brasileiro Vanderlei Cordeiro de Lima, quando ele liderava a prova mais nobre das Olimpíadas de Atenas (2004) e foi agarrado e derrubado por um padre irlandês.

Vanderlei não ficou no chão, lamentando-se. Logo se desprendeu do manifestante e voltou a correr. Conquistou a medalha de bronze, que teve gosto de ouro para o mundo inteiro. Mereceu esse reconhecimento e ser condecorado com outra medalha ainda mais rara, Pierre de Coubertin, por sua garra e seu

> **A grande sacada é fazer todos os dias as mesmas coisas de maneiras diferentes.**

espírito olímpico. O mérito é de quem não desiste, de quem luta até o fim e sai vencedor.

Já a estudante que teve um mau desempenho na prova, por medo e nervosismo, não mereceu passar no vestibular. Quando chegou a hora H, ela foi tomada por um sentimento de não estar 100% presente. E estar 100% presente favorece muito ter merecimento. Numa situação de pressão, se a pessoa se projeta no futuro, desconectando-se do presente, fica fácil se perder e desperdiçar o esforço feito para estar ali.

O recado é: chega de vitimismo! De uma vez por todas, você precisa confiar mais em si do que nos outros e DESEMPENHAR melhor que os outros, para merecer mais do que ninguém vencer qualquer batalha (aquele teste, aquela promoção na empresa, aquela grana do investidor-anjo ou aquela vaga no coração de alguém especial).

ENTENDA SEU MEDO E ENCONTRE CORAGEM

Encarar seus medos é outra atitude de largada para propiciar mudanças. Quantos de nós temem algo específico, mas generalizam achando que são medrosos? Não caia nessa cilada emocional. Você não consegue apenas *isso*. E é neste momento, só *agora*. Não precisa sentir medo permanentemente.

O que o corajoso faz? No meio de toda a confusão em que ele possa se encontrar, pode haver apenas uma coisa em que confia. É essa coisa mínima que ele foca e transforma em seu ponto forte para alcançar o resultado desejado. Diante de uma situação que mete medo, se você caminha e eu paraliso, vou pensar que "sou um banana" enquanto você é supercorajoso. Mas a verdade é que você focou um elemento de apoio e fez acontecer.

Melhor do que dizer "eu sou medroso" é reconhecer que "eu estou medroso". Ser e estar têm significados diferentes. Essa reorganização ajuda a pessoa a se conscientizar de que não precisa se achar medrosa com tudo, nem medrosa sempre.

A segunda técnica para agilizar essa virada de chave mental é lembrar-se de circunstâncias (ou mesmo áreas da vida) nas quais foi corajoso, para usar como elemento de apoio. Ajuda pensar: "Eu já passei por uma situação que exigiu determinada performance e eu consegui. Então, eu não sou um incapaz, eu posso ter um bom desempenho em novos desafios também. Portanto, não vou recuar".

Eu fazia muito isso quando nadava. Era muito bom em distâncias curtas, treinava por um ano inteiro para ter 21 segundos de alta performance. Qualquer erro acabava com minha prova. Nas piscinas de 25 metros, eu era melhor ainda, por ter uma virada muito ágil.

Lembro-me como se fosse hoje do dia em que o treinador avisou:

— Pessoal, vocês vão ficar treinando meia hora de virada.

Naquele dia eu não estava tão bem, sentia dor na perna e cansaço. Comecei a fazer as viradas. Ora errava numa braçada, ora escorregava o pé ou virava mais lentamente. Pensei: *Meus Deus, minha virada está ruim!* Aquilo já estava abalando minha autoconfiança.

Mas logo eu mudava de *mindset*: "Joel, se você virasse mal, não seria o atleta que é. É só hoje. Vai lá e acerta". Ou seja, aquela situação não determinava o todo. O que eu fiz? Resgatei no passado referências positivas de performance, para não tirar conclusões equivocadas no estado presente.

Então, se em determinado instante ou assunto a coisa complicou, relembre outras situações nas quais passou por algo muito similar. Será como um treino grátis para não generalizar o medo, reduzindo-o a seu tamanho e sua importância real.

TOME A MELHOR DECISÃO PARA VOCÊ

Até aqui estamos aprofundando o primeiro passo para ter sucesso estando 100% presente, que é a autoanálise. Ela é composta de três partes: reflexão, autoconhecimento e decisão. A ansiedade de tomar uma atitude tem levado muita gente a querer atropelar as duas primeiras, por serem mais introspectivas, exigirem olhar para as próprias dores, falhas e ilusões.

Mas uma boa reflexão sobre seu ambiente, suas atitudes até então, suas crenças, assim como um mergulho em quem você é, o que sabe fazer bem e o que quer para sua vida seguramente ajudam a tomar a melhor decisão, a mais precisa.

A palavra *decisão*, a meu ver, traz a necessidade de se fazer uma *cisão*: você abre mão de uma coisa em prol de outra. O processo até essa tomada de decisão é difícil, eu sei, mas, quando se resolve, chega a uma resolução, tudo fica mais fácil, não é? Uma vez que fez a escolha, você sente alívio! Passa a enxergar apenas um caminho e pensa: *Agora é ir em frente.*

O problema é quando colocamos na cabeça planos B, C, D: "Ah, vou por aqui, mas se der errado vou mudar para lá…". Isso acaba com seu foco no exato momento em que acrescenta alternativas. Em vez de estar 100% presente na conquista do plano A, você divide, dilui sua energia e sua atenção. Assim, perde a força.

Uma vez que decidimos, não devemos voltar atrás.

Em maio de 2018, resolvi não trabalhar mais no Instituto Neymar. Sou eternamente grato pela oportunidade, pois eu só cresci, me desenvolvi e me transformei numa pessoa melhor. No entanto, eu não seria o melhor do mundo se permanecesse como coordenador do instituto. Eu não estaria utilizando meu principal talento ali, que é de comunicador e treinador.

Tinha chegado a hora de passar para a etapa seguinte, subir degraus em minha construção profissional. Para isso, eu precisava de tempo para empreender. Queria estar 100% presente no objetivo de ser empresário e fazer minha agenda. Focar colocando tempo, energia, todos os recursos.

Criados os argumentos, fui falar com Neymar pai, que é um dos melhores líderes que conheço. Depois de agradecer a ele por tudo, emendei:

— Eu quero empreender, fazer coisas novas em minha vida, colocar para fora 100% de meu talento, minha habilidade, meu amor em um negócio meu.

Eu achava que estava decidido, só que não. Saí de casa com todos os motivos na ponta da língua. Entretanto, tinha em mente uma alternativa

AUTOANÁLISE: VOCÊ NADA A FAVOR DA MARÉ?

("Neymar pai só vai me segurar se me der total flexibilidade de tempo"), que se concretizou.

Ele me deu liberdade para usar o tempo como eu quisesse. Pediu apenas que eu mantivesse o celular ligado quando não estivesse no instituto, para ser contatado em emergências. E eu fiquei. No fundo, não estava 100% preparado para sair. Tanto que cogitei um plano B.

Na hora H, argumentei por uns quinze minutos. Fui convencido a mudar de ideia em cinco segundos. Falei:

— Caramba, Neymar, tu és incrível.

Parecia perfeito: eu continuava como coordenador do Instituto Neymar e tinha todo o tempo do mundo para empreender. Adivinhe o que aconteceu com meu foco? Abriu-se e foi diluído. Eu não estava lá fisicamente, mas ligado pelo celular. Ou eu estava lá, só que pensando no que deixara de fazer do lado de fora.

Neymar pai não me cobrou nada. Ele me permitiu isso. No entanto, eu comecei a sofrer por não estar 100% presente em nenhum dos lados. Pensava: *Eu gosto tanto dele, do trabalho, de mim, que não quero prejudicar nada nem ninguém.*

Algumas pessoas me incentivavam:

— Fica… Ele deu liberdade.

Quatro meses depois, eu liguei às 7 da manhã para o Neymar pai, que me atendeu na França (10 horas lá), e abri o jogo:

— Eu amo você e o trabalho. Você me transformou numa pessoa melhor, mas estou indo embora. E não tem como eu voltar mais.

— Vai ser uma grande perda para o instituto. E eu te entendo.

— Um beijo — eu disse.

— Outro.

> O processo até essa tomada de decisão é difícil, eu sei, mas, quando se resolve, chega a uma resolução, tudo fica mais fácil, não é?

Nossa conversa não durou um minuto. Naquele instante, pensei: *Agora, sim, eu decidi.*

É assim que se toma uma decisão: você seguramente sabe fazer diversas coisas, então liste-as em sua frente. Por exemplo, sabe cantar, falar em público, vender... Dessas, selecione aquela que faz bem melhor do que todo o resto. E essa coisa que você sabe fazer melhor também é a que faz melhor do que a maioria das pessoas que conhece.

Criar essa lista obriga a olhar para dentro, para seu íntimo, não dá para delegar. Isso é reflexão com autoconhecimento, que leva a uma decisão consciente.

No meu caso, o que eu faço de melhor HOJE é ser um comunicador, seja palestrando no palco, seja transmitindo conteúdo pela internet, seja publicando livros. Minha comunicação traz emoção, *timing*, informação de qualidade, exemplo, ritmo, naturalidade, *cases*, engajamento. Na comunicação, sei que tenho força, como tinha com as braçadas na natação. Com minha verdade e meu estudo, desenvolvo pessoas, ajudando-as a ter clareza sobre o que querem e a estarem 100% presentes e focadas em seus objetivos.

No instituto, por mais que eu tivesse força de vontade, impactaria um grupo limitado de pessoas. Precisei mudar de ambiente. Hoje, o mundo é meu limite. Qual é o seu? Na hora de escolher aquela coisa primordial em sua vida, capaz de expandir seus horizontes de sucesso, procure relacioná-la com aquilo para o qual tem uma habilidade natural.

No entanto, preciso dizer que, sem **ação imediata** (tema do próximo capítulo), tudo se perde. Quantas pessoas talentosas você conhece que não brilham? Tem gente que sabe que é melhor cantora do que professora (contei esse *case* no capítulo 1). Sua voz é muito superior à da maioria das pessoas que ela conhece. É como cantora que faria a diferença na sociedade – se apostasse suas fichas nesse talento.

Minha chance está no resultado dessa soma de fatores: o que faço melhor que tudo + o que eu faço melhor que as outras pessoas + o que eu faço melhor ainda por ter uma habilidade natural para isso. E é aqui que vou colocar meu amor, minha vocação, minha energia, meu tempo, minha inteligência, meu conhecimento, meu esforço, meu investimento emocional e financeiro.

Depois que decidi sair do instituto, continuei meu processo de cisão. Fui tirando todas as outras coisas da frente, inclusive negócios que eu tocava. Vendi o que não me interessava mais, adotei uma vida focada na comunicação e causei uma explosão na internet.

Em pouco tempo, dezenas de seguidores viraram centenas, passei a lotar plateias e sou parado na rua. Eu viajo pelo Brasil inteiro, não tenho férias programáveis nem trabalho em horário comercial.

NA HORA H

> — Joel, e essa vida maluca, hein? Como você vai conciliar com a família?
> — Eu só agradeço, pois foi o que eu escolhi.

Em minhas escolhas, sempre envolvi minha esposa, e vice-versa. Alguns relacionamentos fracassam porque só um lado decidiu sem nem ao menos comunicar o outro. Faltou entrar em acordo com seu amor, o que torna a realização depois muito mais possível e tranquila.

Larissa, a quem chamo carinhosamente de Lalas, também foi nadadora da seleção brasileira, campeã em várias competições. Teve melhor desempenho do que eu em competições nacionais. Nós nos conhecemos em 2004, fomos companheiros de treino no mesmo time. E ela também já teve decisões irreversíveis: quando foi morar sozinha aos 15 anos, quando foi competir por outros clubes…

Mais tarde, Lalas decidiu cursar Engenharia, alcançou cargos de liderança e recebeu uma proposta irrecusável de uma multinacional japonesa em 2015 para construir uma plataforma de petróleo em Singapura. Trabalhou e morou lá por um ano, em troca de quê? Construir um pé de meia e viver essa experiência incrível. Detalhe: já estávamos casados.

Conversamos, não para me pedir permissão, e sim para ter meu apoio e fortalecer ainda mais sua tomada de decisão – de ir, é claro. Ao mesmo tempo que ela estava seguindo o sonho dela, eu fiquei no Brasil seguindo o meu.

Quando os dois têm clareza e lucidez, fica mais fácil decidir. Ela me disse:

— Recebi um convite para trabalhar em Singapura. É importante para minha carreira, vai render frutos para nosso futuro, e eu quero que você esteja comigo nessa, me apoiando.

Minha esposa retornou à nossa casa depois de um ano, assumindo um ritmo desgastante de viver 15 dias em terra (moramos em Santos, no litoral paulista), 15 dias em plataforma afastada da costa. Até o momento em que decidiu "Não quero mais fazer isso" e veio trabalhar comigo.

Em pouco tempo, estávamos performando juntos, viajando à beça e descansando pouco. Mas não cabiam cobranças, pois havíamos escolhido isso. O trabalho é nosso alicerce para o projeto de vida que decidimos ter.

Antes dessa decisão, refletimos sobre o que queríamos fazer profissionalmente, concordando que impactaríamos a maior quantidade de pessoas para que também concretizassem seus sonhos. Eu já havia decidido ser um vendedor de projeto de vida. Perguntei à Larissa qual era o projeto de vida dela em termos financeiros, de tempo, geográficos, de saúde e emocionais. E ela respondeu "sim" a perguntas como as seguintes: **Você quer** trabalhar de qualquer lugar do mundo? Não precisar tomar decisões por dinheiro? Ter a liberdade de tomar decisões não pela cabeça dos outros? Ter tempo e energia para cuidar muito bem de quantos filhos quisermos gerar? Ter uma saúde física para não ficar dependendo de remédios? **Esse é nosso projeto de vida?**

O que proporciona o nosso projeto de vida é o nosso trabalho. Ele é a ponte que nós escolhemos atravessar juntos, dizendo "não" a tudo o mais que nos impediria de fazer a travessia. Tomar a decisão e fazer o caminho, o processo. Não há nada que impeça nosso desenvolvimento. Pode ser assim com você também.

Para ajudar a impulsionar o seu desenvolvimento, criei duas metodologias que vou detalhar agora. Elas são úteis para analisar em qual posição você está em cada conceito e para decidir como quer avançar.

METODOLOGIA 1 - CICLO DO SUCESSO JOEL JOTA

O ciclo do sucesso começa com clareza, conforme a ilustração acima, e vai até o resultado, que motiva a ter ainda mais clareza do que você quer e assim por diante. É importante olhar para esse ciclo e perceber onde pode estar falhando, o que pode estar faltando e o que dificulta fazer o ciclo todo e reiniciar, com mais sucesso ainda.

METODOLOGIA 2 - MATRIZ DO BALIZAMENTO JOEL JOTA

Criei esse nome baseado na minha experiência como nadador. O balizamento é uma listagem predefinida dos atletas inscritos para aquela prova, ordenada por séries e raias. Portanto, indica em qual momento cada um vai competir e em qual posição. Tanto que é comum perguntar a quem vai nadar: "Onde você está balizado?".

São oito raias, então só cabem oito competidores por série. Se há quarenta inscritos, a prova constitui-se de cinco séries. Explico com um exemplo: o atleta que vai disputar na última série, na raia 4, é aquele com o melhor tempo de todos. Já os que disputam as primeiras séries, nas raias das pontas, são os mais lentos.

À medida que o atleta melhora seu tempo, vai competindo nas últimas séries, pois o grande espetáculo fica para o final. Também conquista vaga nas raias centrais, que oferecem maior visibilidade do andamento da prova.

Veja na ilustração a seguir que o nadador de melhor tempo conquista o direito de ficar na raia 4, o segundo, na raia 5, o terceiro, na raia 3, enquanto o sétimo mais rápido fica na raia 1 e o oitavo, na raia 8.

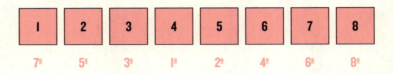

Somente oito competidores vão disputar a final. Cada um tem seu tempo de balizamento, 100% conquistado por mérito, esforço individual no dia D e resultado na hora H.

Olhando a piscina do alto, teoricamente o desenho que se forma durante a prova é de um triângulo. Por que o atleta de mais ALTA performance fica no meio? Porque ele tem a visão privilegiada dos dois lados. Os das pontas não têm o mesmo privilégio, e sim a parede de um lado e um monte de gente do outro. De novo, o critério de escolha é o tempo.

NA HORA H

— Joel, eu quero tanto vencer em alguma coisa!
— Você quer ter o privilégio de nadar em qual raia?
— Na melhor, é claro!
— Primeiro, descubra como está seu balizamento agora. Se a vida fosse balizada em raias, HOJE você estaria em qual raia, de que série? E por quê?

O conceito do balizamento é interessante para analisar se a sua performance o está colocando entre os melhores e permitindo ter a visão mais privilegiada da sua prova. Não necessariamente quem está na raia 4 vai ganhar, nem quem está na raia 8 vai perder, mas o primeiro tem mais chances de subir ao pódio.

Certa vez, numa prova, eu nadei na primeira série, na raia 8, que é a do lado da parede. Mas meu tempo de eliminatória foi tão incrível que, na final, eu fui para a raia 4. Em compensação, o competidor que nadou na primeira série na raia 4 errou, foi mal e acabou sua prova ali.

Então, fazendo uma analogia com o seu desafio de vida, a primeira briga é para estar entre os oito melhores, o que significa que já está em ALTA performance. O foco agora é para ficar na raia mais privilegiada entre as oito. Todos têm a chance e estão lutando por isso.

A maioria das pessoas quer ter sucesso, ser vista e notada, estar na raia 4 da própria vida. Para isso, inevitavelmente vai concorrer com outros que buscam o mesmo objetivo. A competição existe, e ela é boa, porque faz com que você descubra uma força interior, uma vontade de vencer, que nem sabia que tinha, elevando a AUTOperformance para ter ALTA PERFORMANCE (vamos aprofundar esse tema no próximo capítulo).

Conseguir se destacar é mesmo difícil, mas sabe quem é o cara que nada na raia mais privilegiada? Não é aquele que ganha dos outros, é aquele que ganha de si mesmo. É muito comum atleta lamentar: "Se eu tivesse melhorado um pouquinho a minha performance, estaria na final", reconhecendo que falhou por ter se distraído em relação ao próprio desempenho, prestando atenção nos outros, sem estar num estado de presença total.

Pois essa é a base da metodologia Matriz do Balizamento, ilustrada a seguir, que eu criei para ajudar as pessoas em geral a se analisar sobre a posição (ou quadrante) na qual elas próprias estão se colocando diante dos desafios. É composta de quatro tipos de perfis comportamentais, que identifiquei em minha jornada de convivência com profissionais diversos.

Todos nós nos posicionamos em um dos quatro quadrantes de acordo com o ambiente e o momento, mas o que percebo é muita gente usando o quadrante errado no momento errado. E aviso que é preciso fazer esse balizamento se quisermos estar entre os melhores.

Em algumas áreas da minha vida eu sou muito esperto. Quando um amigo me dá uma dica interessante, eu rapidamente aplico. Assim como posso observar outro amigo fazendo algo ousado para ver se dá certo primeiro com ele antes de eu tentar.

Quando olho para uma pilha de louças na cozinha, admito, eu me faço de sonso às vezes. Ou ainda numa conversa que vai me tirar do meu foco naquele momento (escuto educadamente, mas não participo, para não me distrair do que quero fazer).

Há pessoas muito inteligentes, que discorrem sobre conceitos bem antes da maioria; são professores em determinado assunto e sabem ensinar o porquê das coisas. Assim como há os que dominam os processos, o passo a passo para se atingir algo especial e são seguidos por quem quer isso também.

Em muitos momentos e ambientes, eu encarnei o perfil limitado. Esse tem muita fome de vencer e topa se dedicar para se superar. O limitado esforçado rapidamente pode passar para a linha superior, sendo esperto ou inteligente. Já o cego talvez nem se dê conta de que está limitado e precise de um inteligente para ajudá-lo a enxergar algo bom.

Por fim, há o tipo disfarçado, que pode se fazer de sonso (quando julgar conveniente e isso não é pecado) ou de zumbi (escolha ruim, por fazer mal a ele e a quem o rodeia). Esse último não tem atitude, não quer aprender nem se esforça, não está feliz com seu trabalho e ainda gosta de perturbar quem está.

Se você se encontra assim, zumbizão, precisa sair desse quadrante urgentemente.

Já o perfil esperto observador, mesmo sem conhecer profundamente um conceito como o inteligente, pode perceber que há um menino limitado esforçado do seu lado e concluir que só precisa de uma orientação técnica.

A esta altura, você já percebeu que não há certo nem errado, embora estar na linha superior represente vantagem, enquanto na inferior, desvantagem. Mas qual é a sacada dessa matriz? Quando você atinge um platô, precisa ir para um ambiente ou escolher uma nova meta que permita ser um limitado esforçado para crescer mais.

Em algum momento, você foi limitado para alguma área – no início. Esforçou-se tanto e quis tanto se superar que melhorou o desempenho e passou a ficar esperto e/ou inteligente. Eu já dei aula a palestrantes que eram inteligentes para sua área, e eu os trouxe para o quadrante da limitação a respeito de como explorar novas plataformas de comunicação virtual.

Eles constataram que estavam perdidos, lentos diante de um cenário digital que mudou demais o negócio de palestras. E, como são esforçados, meu papel foi provocá-los para melhorar o balizamento deles.

Experimente se analisar: naquela situação com o cliente ou o chefe, você agiu como esperto e rápido. Mas era para agir como esperto e rápido? Ou era para agir como inteligente processual?

NA HORA H

— Joel, eu não agi como inteligente porque me falta dominar novos conceitos.

— Ok, então essa é a competência que você tem de desenvolver para ser visto como um cara inteligente, e não esperto.

Eu preciso dizer que há momentos em que o inteligente é lento, burocrático, fica muito preso no processo... Consegue mudar isso se tiver clareza de que precisa retornar ao quadrante de limitado e se esforçar para desenvolver senso de urgência.

Se você só ficar num ambiente em que é o melhor da sala, dificilmente vai crescer. Precisa ir para outro no qual é limitado, enxergar uma coisa nova para aprender, assim vai se esforçar para melhorar.

O cego é o que mais sofre e, se não tomar cuidado, vira alvo da manipulação de um disfarçado. E quem mais pode "salvá-lo" iluminando a sua escuridão é o inteligente. Daí, o ex-cego passa a se esforçar para recuperar o tempo perdido.

Em certos lugares ou situações você pode ser sonso, mas em outros... jamais. É quando se autoavalia: "Nossa, eu estou vacilando aqui". Todo mundo conhece alguém que se "finge de sonso", mas no fundo está sendo esperto. Ele até triunfa, mas não por muito tempo, porque os outros percebem sua manobra.

O mais importante é que a pessoa entenda em qual quadrante está, em qual deveria estar e o que precisa fazer para melhorar o seu "balizamento". A minha sugestão, para que tenha evolução com resultado, é se colocar na posição de limitado esforçado. Já entendeu que esse é só o início para crescer no ambiente em que está?

Agora, trace um plano para adquirir a competência de que precisa transformando informação em conhecimento, que é quando acopla aprendizagem e experiência. Melhor ainda é dar o passo seguinte, o da sabedoria, que é quando aplica o conhecimento.

Teve um resultado fabuloso? Sugiro que retorne ao quadrante do limitado esforçado e busque adquirir uma nova informação, que vai plugar no seu conhecimento e, assim, subir de patamar.

Quantos de nós acessam uma nova informação e não "linkam", não aumentam seu conhecimento (aprendizagem + experiência), não se tornam mais sábios e bem-sucedidos?! Ficam com um *overload* de dados sem que obtenham novos resultados!

Para uma pessoa se manter entre os melhores, o ideal é que se coloque sempre em um ambiente competitivo e se balize, provocando a si mesma a sair da sua limitação, com a contribuição dos espertos e dos inteligentes e ficando o mais longe possível dos zumbis.

Quando eu nadava, vivi esse processo várias vezes. No início, para ficar entre os melhores atletas regionais. Até finalmente figurar entre os campeões mundiais, passei pelo nível estadual, depois nacional, seguido pelo sul-americano.

Gosto da frase " O que te trouxe até aqui não vai te levar até o próximo nível" porque incentiva o crescimento constante. E nunca é tarde para aprender, nunca é tarde para aplicar novas competências. Tudo é reversível, a não ser a morte. Temos mais é que partir para a ação.

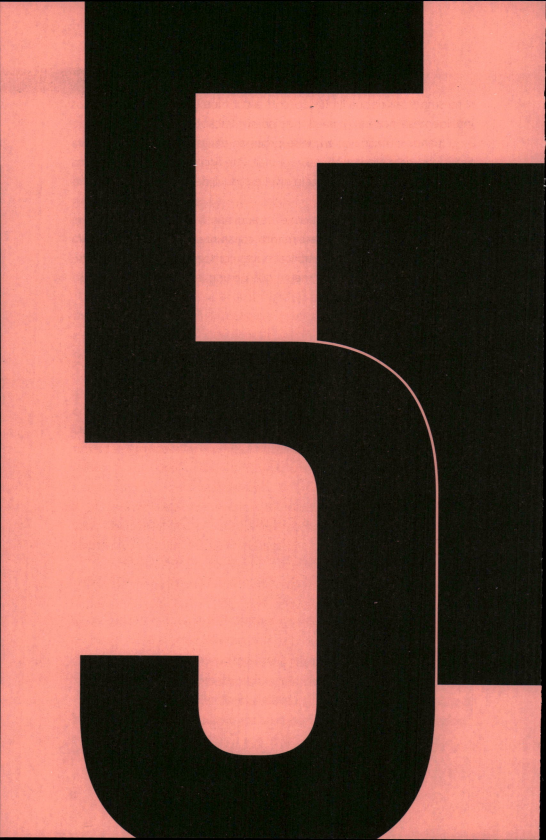

AÇÃO
IMEDIATA

117 AME O QUE FAZ, E NÃO VENCER

119 DÊ CHANCE AO HÁBITO

120 AMPLIE SEU CAMPO DE VISÃO

122 JOGUE O JOGO DO PROGRESSO

124 PASSE DA POSSIBILIDADE PARA A PROBABILIDADE

126 PRATIQUE O PRINCÍPIO DA INEVITABILIDADE

Você tomou uma decisão. Agora é avançar do modo analisar rumo ao modo agir. Pensar é fundamental, mas o segredo é agir. E eu não conheço o sucesso natural. Para mim, o dom não supera a força do trabalho duro. Pode ser que você faça parte do grupo que começa a concretizar o que decidiu, trabalha duro **ATÉ** ter sucesso – e não volta atrás.

No entanto, há outro grupo que decide, começa seu plano de ação na maior empolgação e... empaca ou volta atrás. Por quê? Porque coloca uma expectativa grande de realizar sua meta rapidamente, com atalhos. Quer empreender, mas só se tiver uma startup unicórnio (com valor de mercado superior a 1 bilhão de dólares). Decide emagrecer fazendo dietas malucas na esperança de entrar no jeans de solteiro em dez dias.

A esse segundo grupo, eu aviso que ALTA performance vem depois de desenvolver AUTOperformance, um caminho muito mais sustentável para implantar uma ação imediata. E, aí, só depende de você.

Eu enxergo três elementos que definem se você já atingiu uma condição de ALTA performance:

- Se seus resultados estão acima da média. Ou seja, se na atividade profissional que você exerce, eles podem ser medidos, explicados, compartilhados;
- Se você faz isso de maneira consistente. Se praticamente todos os dias alcança esses resultados acima da média;
- Se você faz isso durante muito tempo.

Você sabe se tem ALTA performance quando se compara com os outros; e vencer os outros é difícil. Entretanto, é muito mais difícil vencer a si mesmo, incluindo seus desejos, suas vontades, seus planos, seus limites... e essa deve ser sua principal preocupação agora.

Na minha primeira competição, aos 13 anos, fiquei em último lugar. Aquele efeito tinha causas, que meu treinador explicou:

— Você ficou em último porque não treinou, não tinha resistência nem força. Não está se alimentando muito bem, não está descansando...

Quatro meses depois, competi novamente com 22 nadadores, aproximadamente, e fiquei em sétimo. Eu tive ALTA performance? Não. Mas tive AUTOperformance? Muita. Porque reconheci minhas falhas e agi imediatamente para melhorar a questão do sono e da alimentação, também a força e a eficiência das braçadas. Fiquei mais concentrado, arrumei um pouco meu gesto motor.

A turma da ALTA performance era quem estava em primeiro, segundo, terceiro lugar. No entanto, eu havia melhorado de último para sétimo. Evoluí. Qual é o problema das pessoas que desistem? Elas querem ir do último para os primeiros lugares sem esforço. Não entendem que é um processo.

Ao longo dos campeonatos, passei do sétimo para o sexto lugar, depois para o quinto... No seguinte, conquistei o quarto lugar. E, toda vez que eu avançava uma casa, meu pai, que nunca colocou óculos de natação no rosto, mas tinha sabedoria de vida, me alertava:

— Não se compare com os outros! Preocupe-se em melhorar.

Por isso, é ruim estar num ambiente com pessoas que ficam querendo que você vá do último ao primeiro lugar rapidamente. Às vezes, pai e mãe ou chefes agem assim. Exigem que você seja o primeiro, mas eles nunca foram. Que loucura isso! O pai somente aceita que você seja o melhor de sua turma, mas ele não foi o melhor. Então, por que está cobrando isso do filho?

Elevar a régua de exigências, sem considerar o processo, também aumenta incrivelmente o risco de frustração, porque a pessoa se compara com alguém já em ALTA performance e se julga incapaz de chegar lá.

AME O QUE FAZ, E NÃO VENCER

Outro ponto a considerar: se você está fazendo algo para o qual tem vocação, fica muito mais possível não parar do que se fosse aquilo que realiza de maneira mediana e sem nenhum grau de satisfação. Trata-se daquela coisa que você aprende com mais facilidade que a maioria das pessoas ou que se apresentou cedo em sua vida. Portanto, deverá ter melhoras progressivas.

E, a cada pequeno progresso, você percebe "coloquei energia, melhorei; ótimo". Claro, pode acontecer de não performar tão bem em determinado dia. É humano. Mas você vai se lembrar do que fez em todos os outros dias e continuar, como detalhei no capítulo anterior.

Até porque quem só ama vencer provavelmente vai desanimar no meio do caminho, por falta de resiliência. De modo inconsciente, contabiliza: "Venci, amei. Venci, amei. Venci, amei. Venci, amei. Não venci? Parei". A chave não é amar vencer, mas amar o que você faz, porque dessa forma você consegue superar as próprias falhas.

Se você só ama vencer, não admite errar nem enxerga que tem a oportunidade de melhorar. Eu conheci muitos atletas que eram vencedores quando eram meninos e meninas e, na primeira vez que perderam, abandonaram o esporte. Não teve pai nem mãe para segurá-los lá, isso quando não entregavam os pontos dizendo "Faça o que você quiser; se você não está feliz, pode procurar outra coisa…".

Você não tem de fazer as coisas só porque está feliz. Tem de fazer porque tem de fazer – mesmo estando, às vezes, triste, chateado, frustrado. A vida não é uma linha reta. Sobe e desce feito uma montanha-russa.

> **Se você só ama vencer, não admite errar nem enxerga que tem a oportunidade de melhorar.**

Por isso, uma grande lição que tive como atleta é não depender apenas de motivação. Ela não é confiável, pode abandoná-lo conforme as circunstâncias. O hábito é. Ninguém precisa esperar até se sentir cheio de vontade para começar alguma coisa – nem para continuar. Aja imediata e regularmente… que a motivação virá. Mas também não dependa dela para continuar.

Um grupo de empresários e pais se reuniu para jogar com o atleta norte-americano Michael Jordan, em sua fase pós-encerramento de carreira nas quadras. Ele, que é considerado por muitos o maior jogador de basquete de todos os tempos, foi questionado por um pai:

— Michael, meu filho tem 10 anos e é muito seu fã, muito mesmo. Adora sua história, seus jogos, tudo que você fez. E ele está jogando basquete todos os dias. Qual é o melhor conselho que você pode dar ao meu filho?

— Fale para ele amar o basquete. Só isso! Porque, se ele amar somente ganhar, vai desistir.

Bacana isso, não é? Vale para a vida, para tudo.

Sem amor pelo que faz, o cara desiste porque pensa "Não tenho vocação para esse negócio, essa escolha não é minha, quem escolheu foi

ela; então a escolha é dela, e não minha". Já quando decido por livre-
-arbítrio, eu quero seguir. Avalio: "Não deu certo hoje, no estado presente,
mas eu escolhi". É autoconhecimento o tempo todo.

Comece a fortalecer seu íntimo fazendo pequenos acordos consigo
mesmo.

Por exemplo, se fala que vai acordar todos os dias às 5 horas da manhã e consegue fazer isso rotineiramente, você já venceu a si mesmo.
Se resolve que vai guardar 10 reais por dia e consegue juntar um bom
dinheiro após vários meses, você venceu a si mesmo.

Dei dois exemplos de mini-hábitos, que são uma somatória de atitudes que você repete várias vezes até que faça automaticamente, e assim
vai gerando AUTOperformance, que é a mãe da ALTA performance.

DÊ CHANCE AO HÁBITO

Eu acredito no poder das pequenas decisões, das pequenas ações, e não
das grandes. Trabalhe com os hábitos que deseja alcançar de maneira
fracionada. Em vez de querer correr por quinze minutos, ande por sete
minutos. Em vez de querer entrar na academia já pensando em malhar
cinco vezes por semana, faça uma flexão de braço diária. Em vez de querer ler um livro por mês, leia um capítulo por semana. Em vez de querer
ter muito dinheiro para aplicar numa corretora, invista minutos de seu
tempo estudando algum comportamento crítico que não o faz guardar
dinheiro e mude-o.

Quando você dá chance ao hábito, ele fica mais palpável. Em vez
de decretar "eu quero isso", reflita se está dando um passo na direção
disso – um passo pequeno por vez e de maneira frequente, e não um
passo enorme, que cansa por exigir muito esforço e energia num curto
espaço de tempo.

Em vez de querer várias coisas por dia, coloque seu foco em apenas
uma. Faça esse teste e você conseguirá bater trinta metas no mês. Consiga um cliente por dia. Faça uma flexão por dia. Escreva uma página por

dia. Emagreça 55 gramas por dia. Escute sua equipe dois minutos por dia. Fique com seu filho sete minutos a mais por dia. Fique cinco minutos a menos no WhatsApp. Aumente em seis minutos sua atenção no trabalho.

Uma meta por dia, pequena, tangível, possível, que não dependa de ninguém a não ser você. É a somatória de mini-hábitos, nano-hábitos, micro-hábitos que fará a diferença. Não se trata de uma corrida de 100 metros, mas, sim, de uma maratona de 42 quilômetros. Pode analisar: as pessoas que você mais admira praticam o jogo do progresso.

Se a pessoa começa a fazer uma coisa na qual acredita e que traz recompensas boas, ela tem de continuar todo santo dia. Até que realiza automaticamente, com menos esforço, pois virou um hábito. E, quando você resolver dar chance ao hábito, ele vai recompensá-lo. Você se liberta de vários empecilhos, como a preguiça, e não depende mais de motivação.

É como aprender a andar de bicicleta, que envolve um processo, com direito a algumas raladas no joelho. Eu costumo falar o seguinte: não precisa acelerar. Basta não parar.

AMPLIE SEU CAMPO DE VISÃO

Suponhamos que você estude na Universidade Harvard ou Stanford e tenha as notas mais baixas da turma, composta de trinta seletíssimos alunos. Por isso, reclama "eu sou um lixo". Alto lá! O pior de Harvard está numa condição muito melhor que milhares de outros em faculdades menos renomadas ou fora delas.

Se você não enxergar essa realidade, começa a se achar um fracassado. E não é. Em vez de se comparar com o fulano do lado, olhe para você e perceba que pode estar como e onde boa parte das pessoas gostaria de estar. Em outras palavras, foque um objetivo claro, mas amplie seu campo de visão na hora de traçar um plano, pois seu ponto de vista pode mudar muito. E para melhor.

Pronto, tirei o foco do externo e coloquei na pessoa ("você melhorou"). Dê chance ao hábito, por favor. Sem querer fazer ponte, atalho. Não tem encurtamento de caminho. Aproveite o processo, não queira só o destino.

NA HORA H

> — Ah, Joel, eu estou indo mal na faculdade.
> — Tem ideia de quantas pessoas fazem faculdade? Você faz parte de 1% da população brasileira que faz faculdade.

> — Ai, Joel, eu não estou conseguindo sucesso como minhas amigas.
> — Como assim?! Você emagreceu 55 gramas de ontem para hoje.

O Experimento do Marshmallow,[3] que estudou o autocontrole e a relação entre recompensa imediata versus um ganho maior no futuro, explica um pouco isso. O psicólogo Walter Mischel, então professor da Universidade Stanford, colocou crianças de 5 anos numa sala com câmera escondida. Deu a elas um marshmallow, mas avisou que ia sair por quinze minutos e que, na volta, premiaria com o dobro aqueles que não tivessem comido o doce.

Mais de uma década depois do teste, Mischel procurou os participantes e descobriu que aqueles que conseguiram esperar mais tempo para comer o marshmallow alcançaram mais êxito na vida em comparação com os outros. Por quê? Mostraram-se capazes de postergar uma gratificação, de esperar o tempo certo.

Então, é necessário baixar a ansiedade de querer ter as coisas logo. Sucesso é dar 20 passos numa mesma direção. Sucesso é fazer 2 mil vezes

---

3 "Sobre marshmallows & determinação". *Revista Planeta*. Disponível em: <https://www.revistaplaneta.com.br/sobre-marshmallows-determinacao/>. Acesso em ago 2019.

duas coisas. Sucesso é dizer "não" para muitas coisas que tiram seu foco da única coisa que escolheu fazer na vida. Eu uso uma técnica: tudo é "não", exceto o verdadeiro "sim".

JOGUE O JOGO DO PROGRESSO

Albert Einstein dizia que não era tão inteligente assim, ele apenas ficava mais tempo na pergunta. Eu também, pois passei muitos anos da minha vida me perguntando: "Como eu tenho de pensar e agir para ser um grande vencedor, igual ao Gustavo Borges?".

Por ter chegado à conclusão de que "se eu não nasci com as pernas de campeão, que eu tenha a cabeça de campeão", fui estudar Psicologia, Neurociência, Coaching, Programação Neurolinguística, por exemplo, para construir essa cabeça de campeão.

Nessa ação, surgiram novas perguntas, que me fizeram compreender qual é o verdadeiro jogo dos vencedores. Explico. Eu entendi que não bastava perguntar apenas "Como os vencedores tomam as decisões?". É preciso saber fazer a pergunta certa, para ter a resposta certa. Nesse caso, a pergunta não é "como".

Eu fui mais a fundo: não apenas como, mas POR QUE eles tomam aquela decisão e agem daquela forma? Levei anos para chegar a essa pergunta, mas quando a fiz encontrei como resposta que os grandes vencedores não querem ser vencedores. Eles querem ter progresso: melhorar um pouquinho a cada dia. Mais um pouquinho hoje, mais um pouquinho amanhã e assim por diante. É o jogo do progresso.

Muitos me perguntam em treinamentos e mentorias como ser o melhor vendedor do mundo, o melhor palestrante do mundo, o melhor nisso ou naquilo… Quando eu pergunto o que querem, um responde almejar que a agência de publicidade dele seja a maior do Brasil em cinco anos (detalhe: ele ainda não tem a agência); outro quer lançar um produto on-line e lucrar bastante para comprar uma casa em três anos (detalhe: não tem experiência prévia com e-commerce).

Isso me faz pensar nas pessoas que se consagraram como as melhores naquilo que escolheram fazer, tanto na área esportiva quanto na empresarial. Eu vim de um lugar que me permitiu a convivência, por exemplo, com o Neymar, que é um dos melhores jogadores de futebol do mundo; o Cesar Cielo, um dos melhores nadadores do mundo, recordista mundial; e o Thiago Braz, o melhor atleta do mundo na modalidade salto com vara.

Um dos maiores aprendizados que eu tive com esses campeões olímpicos que admiro profundamente, e que hoje são meus amigos, foi justamente sobre o jogo do progresso. Todos eles não acordavam dizendo "Este ano eu vou ser o melhor do mundo".

Seu objetivo diário é ser melhor do que ontem, melhorar um elemento-chave de seu jogo, braçada ou salto; estar 1% mais veloz ou mais forte; trabalhar um aspecto da perna esquerda… Ou seja, não focam um objetivo tão amplo. Em vez de serem vagos, esses campeões vão no específico. Eles mantêm seu foco de atenção no progresso diário, e não no destino final.

É lógico que anseiam ser os melhores do mundo em sua modalidade e se manterem como tal. Mas o foco desses caras está em melhorar *hoje*, no estado presente, no refinamento das competências e das capacidades. Os campeões treinam continuamente para aperfeiçoar seus atributos e seus talentos e melhorar um pouco TODOS OS DIAS.

NA HORA H

> — Joel, quero ser o maior de meu mercado, o melhor, o único.
> — Ok. E vai começar como?
> — Sendo o maior, o melhor, o único.
> — Não. Comece com um pequeno passo.

Se você quer ser um vencedor em seu mercado, em sua vida, saiba que o verdadeiro JOGO DOS CAMPEÕES é o jogo do progresso. É o jogo do 1% melhor todos os dias. Porque, se você for um pouquinho melhor rotineira e repetidamente, vai chegar lá.

Esses atletas ensinam que devemos equalizar as expectativas. Ninguém quer tirar de você o sonho de ser grande. Só que, para chegar a ser o melhor do mundo, você precisa ser melhor a cada dia, perseguir um objetivo específico, ter clareza do que quer e agir para refinar suas competências.

Há quem só admite se mexer se for para fazer uma "baita" de uma venda, enquanto outro quer fazer uma venda todos os dias, receber um elogio todos os dias, aprender algo novo todos os dias, aumentar o patrimônio todos os dias.

Esse segundo vendedor mira alto, mas tem os pés no chão. Ele está praticando o jogo do progresso, começa um projeto e vai até o fim. E, depois de ter atingido uma meta, vai continuar porque terá outra maior ainda, num sucesso crescente. Tem iniciativa e também o que eu chamo de "acabativa". Para isso, precisa fazer um pouquinho, só que todos os dias.

PASSE DA POSSIBILIDADE PARA A PROBABILIDADE

Muitas pessoas estão concentradas nas possibilidades das realizações, o que é uma ingenuidade. Possibilidade de ficar rico, todo mundo tem. Possibilidade de aprender, todo mundo tem. Possibilidade de criar algo inovador, todo mundo tem. Possibilidade de conquistar boa saúde, idem.

No entanto, é preciso direcionar sua "mira laser" para as probabilidades. Se você continuar agindo do jeito que age, quais são as probabilidades de:

- Ficar rico?
- Emplacar sua grande ideia de negócio?
- Conquistar boa saúde?
- Dominar os próprios sentimentos e decidir com a cabeça?

Se essas probabilidades forem muito pequenas, quase remotas, há uma sinalização clara de que precisa buscar no autoconhecimento, na auto-observação e na autoanálise os elementos para reorganizar seu plano de ação. Isso porque a probabilidade é mais factual, mensurável, objetiva em relação à possibilidade, que simboliza apenas uma hipótese.

Trabalhe com os hábitos que deseja alcançar de maneira fracionada.

As pessoas precisam colocar na sua frente a probabilidade de aquela meta acontecer. Isso implica colocar foco, eliminando tudo o mais que não é viável. Os campeões pensam nas probabilidades de garantir melhoria constante. São focados no agora, não no "e se".

Desse modo, quando sou questionado sobre como começar algo bem provável de dar certo, oriento a criar um processo que englobe estas cinco etapas:

1. Divida tudo em várias tarefas menores;
2. Separe as mais difíceis das mais fáceis;
3. Comece pelas mais fáceis e mais rápidas;
4. Melhore as fáceis e repita esse processo até chegar às mais difíceis;
5. E quando fazer as mais chatas? No momento do dia em que você tem mais energia.

Ao iniciar uma ação, é fundamental ainda colocar limites para as atividades (tanto as fáceis quanto as difíceis e as mais chatas), a fim de evitar agir de maneira desregulada e negligente. Pode-se fazer estas duas perguntas:

1. **Qual é meu limite inferior?** Vou caminhar no calçadão pelo menos três vezes na semana. Quero aprender pelo menos três palavras novas em inglês por dia. Pelo menos uma vez por semana

vou revisar o fluxo financeiro. Ficarei pelo menos duas horas por semana off-line, conversando com meu filho ou com meus pais.

2. **Qual é meu limite superior?** Eu vou ficar no máximo trinta minutos por dia no Instagram. Pretendo gastar no máximo 10% do que ganho com noitadas por mês. Vou dormir no máximo até as 7 horas da manhã.

Atuar num dos dois extremos é ruim, mas delimitá-los ajuda a aproveitar melhor a linha do meio entre eles. Ao colocar um limite mínimo e outro máximo, você controla melhor o tempo e a energia que vai gastar com cada atividade.

PRATIQUE O PRINCÍPIO DA INEVITABILIDADE

As probabilidades de você agir imediatamente, sem desistir, também aumentam se fizer com que o ambiente exerça o papel de sua mente. Exemplo simples: em vez de querer estar motivado o tempo inteiro, reforçando a si mesmo as atividades que precisa realizar no dia, deixe frases em locais visíveis da casa e do escritório, e o ambiente já vai lembrá-lo dessas atividades.

Eu quero ler diariamente para estar bem informado e oxigenar as ideias. Em vez de ficar falando à minha mente "não posso esquecer, lembre-me", crio alarmes e deixo que os toques me lembrem. Aliás, uso alarmes para tudo, inclusive para não procrastinar. São, em média, 11 por dia. Por exemplo, às 7h15 reflexão, às 9h25 vender, às 13h44 leitura, às 21h06 ver um documentário...

O princípio da inevitabilidade é ótimo para lembrá-lo dos mini-hábitos. Por exemplo, em boa parte do ano é recomendável sair de casa carregando um guarda-chuva. Que tal deixá-lo próximo da porta da rua? Para não faltar à academia na manhã seguinte, em vez de dormir de pijama durma com a roupa da academia.

Tem gente que chega em casa do trabalho e, quando se troca, já veste a roupa da academia. Aí fala a si mesmo "Ah, já que estou com a roupa da academia, vou dar um pulo lá". Ou seja, criou um sistema de autodefesa das próprias desculpas que cria.

Portanto, vale a pena construir um ambiente capaz de fazer com que as atividades sejam inevitáveis para você, em vez de delegar à sua mente mais essa incumbência, o que consome energia. Já basta tanto barulho externo! Incentivar outro barulho – mental, no caso – para quê?

Uma das fontes atuais que colaboram para esse barulho mental são as redes sociais. Então, digamos que você esteja navegando pelos infindáveis *posts*, imagens e mensagens, e o alarme toque. *Trummm, trummm*, hora de você fazer cinco respirações profundas. Princípio da inevitabilidade: o ambiente lembrou!

Além de alarmes, bilhetes na porta da geladeira, no espelho do banheiro, no celular também são válidos para não desmotivar. Eu costumo não confiar no meu cérebro. Por isso, aplico a inevitabilidade também fazendo anotações em meu caderno, meu bloco de notas. Também espalho frases em minha casa, me dando força e coragem.

Podemos dizer que o princípio da inevitabilidade está dentro de outro, que é o princípio da intencionalidade. Por exemplo, você tem intenção de fazer uma atividade física e me pergunta:

NA HORA H

- — Joel, qual é a melhor atividade física que existe?
- — É aquela que você mais gosta de fazer, e não a que está na moda.
- — Em qual horário é melhor?
- — Naquele que você pode.
- — Em qual academia?
- — A mais bacana sempre será a próxima da sua casa.

Em resumo, o horário é o que você pode, o lugar é o mais perto e a atividade é a que você mais gosta, a que dá mais prazer. Assim, torna inevitável realizar sua intenção de se exercitar. Não tem essa de ter "sorte" de escolher uma atividade ou uma academia boa. Você tem mais é que colocar atitudes e comportamentos intencionais nas coisas.

O plano perfeito é a construção de um ambiente de maneira que seja inevitável realizar seu objetivo. Os mini-hábitos, o princípio da inevitabilidade e o jogo do progresso estão entre as principais atitudes para que alcance uma ALTA performance na vida como um todo. Eles vão fazer por você muito mais do que metas intangíveis, decididas na emoção e que quase sempre não funcionam.

Tendo esse entendimento, o próximo passo é ajustar seu *mindset*. A seguir, mostro como ter uma **mentalidade adequada** ao seu atual plano de ação, com base em tudo que você vem lendo até aqui.

OS CAMPEÕES TREINAM CONTINUAMENTE PARA APERFEIÇOAR SEUS ATRIBUTOS E SEUS TALENTOS E MELHORAR UM POUCO TODOS OS DIAS.

MENTALIDADE ADEQUADA

134 TRABALHE COM A PRECOGNIÇÃO

137 CRIE MELHORES CONDICIONAMENTOS NEUROASSOCIATIVOS

139 PENSE GRANDE, MAS FAÇA UMA COISA DE CADA VEZ

141 PERMITA-SE SER FRÁGIL, E NÃO FRACO

142 FORTALEÇA-SE COM AS PEDRAS NO CAMINHO

144 SÓ ACEITE CONSELHOS DE QUEM TEM RESULTADOS

146 GERE IDENTIFICAÇÃO E ALINHE PROPÓSITO

148 APRENDA SEMPRE MAIS UM POUCO E ENSINE TAMBÉM

151 APLIQUE O PRINCÍPIO DA ADAPTABILIDADE

Não existe mentalidade certa ou errada, o que existe é a adequada ao seu objetivo, conforme adiantei no início deste livro. Essa é a essência do método que vamos aprofundar neste capítulo. Depois de fazer uma autoanálise e começar a agir, é hora de ajustar seu *mindset* (afinal, a mente é o cérebro em ação), realizar o reforço positivo, gerar identificação, criar e alinhar propósito.

O intuito é trabalhar sua cabeça para estar focada tanto em seu objetivo quanto sua ação. Não é só pensar. É combinar o que o corpo está desempenhando com o que a mente está elaborando no estado presente, de uma maneira que potencialize sua energia e seu esforço na direção do resultado que almeja.

Com isso, você ganha clareza sobre seu processo de transformação, entre vários benefícios, conforme vamos aprofundar a seguir.

TRABALHE COM A PRECOGNIÇÃO

Para que suas atitudes mudem seus pensamentos, a palavra-chave é "precognição". Significa agir de maneira intencional, antes que os estados cognitivo e emocional comandem seus atos. Ninguém se transforma numa pessoa melhor com falácias e vontades, mas, sim, com resultados.

Por isso, faça com que sua mente busque direção, e não atalhos. Por exemplo, inspire-se, informe-se com livros, cursos, *webinares*. E também aplique tudo o que você aprende com ação imediata, para não ser aquele cara que volta supermotivado de um seminário sem mudar nada, nenhum mini-hábito sequer, na semana seguinte.

Como expliquei no capítulo anterior, eu defendo que os comportamentos, influenciados pelo ambiente em que você está, mudam sua maneira de pensar: isso é precognição, numa visão que compartilho com a do psicólogo organizacional ph.D. Benjamin Hardy, em seu livro *Força de vontade não funciona*. E tanto ele como eu vamos além: esses mesmos comportamentos também são capazes de mudar seu código genético. Isso é pré-biologia. Você muda o ambiente, e isso tem um impacto maior do que imagina em seu DNA.

Eu já propus a uma pessoa sedentária e com sobrepeso:

— Vem fazer comigo uma atividade de trinta minutos na praia, que você vai emagrecer e se sentir muito bem.

Perceba que eu não precisei que ela mudasse o padrão de pensamento. Eu só precisei que viesse comigo. E ela veio. Caminhou comigo na segunda, na terça, na quarta, na quinta, na sexta. No sábado, ela se pesou e…

— Nossa! E não é que eu perdi peso mesmo?! Esse negócio funciona! — disse em voz alta ao constatar que estava 1,5 quilo mais leve.

Pronto, as atitudes mudaram sua mentalidade em relação ao exercício físico. O plano perfeito dessa pessoa que pretendia emagrecer não dependeu de mudar o próprio pensamento. Ela foi para uma ação imediata, que inevitavelmente a levaria a realizar seu objetivo. Começou a praticar o jogo do progresso.

Aproveito esse exemplo para dizer que existe uma espécie de contrato estabelecido entre o cliente e seu treinador (pode ser um professor, um mentor ou um amigo sábio) que não é objetivo. É moral, baseado em confiança.

Confiar naquele que o conduz ao seu objetivo é muito importante para haver precognição. Afasta sentimentos de insegurança e indecisão, que só atrapalham sua caminhada. É um meio passo também para fortalecer a autoconfiança de que vai chegar lá.

NA HORA H

— Joel, eu não estou enxergando o que você está enxergando.

— Não tem problema. Confie em mim, porque eu vou levá--lo para uma ação, uma atitude, um comportamento que vai mudar seu pensamento.

Depois de um tempo...

— Agora percebo que dá resultado. Eu me sinto diferente e quero continuar.

Isso me lembra a famosa teoria do psicólogo norte-americano Abraham Maslow.[4] Ele representou as necessidades humanas numa pirâmide hierárquica de cinco níveis que leva seu sobrenome. Uma delas é de autorrealização (no topo), logo acima da necessidade de estima (em quarto lugar).

Elas indicam uma necessidade legítima de tentar algo e conseguir ("Sim, eu posso o que eu quiser"), assim como a de ser reconhecido ("Parabéns pelo trabalho"). E anote este recado: uma ação que satisfaça a essas duas necessidades tem maior probabilidade de ser repetida.

---

4 "Pirâmide de Maslow: o que é, conceito e definição". *SBCoaching*. 24 jun. 2018. Disponível em: <https://www.sbcoaching.com.br/blog/qualidade-de-vida/piramide-de-maslow/>. Acesso em jul 2019; Maslow, Abraham. *Motivation and Personality*. San Francisco: Harper & Row, 1954.

NA HORA H

> — Parabéns, olhe o resultado que alcançou, fruto de suas atitudes! Estou muito orgulhoso de você — eu disse àquela moça, agora ex-sedentária.
> — Caramba, Joel. É mesmo!

Meu comentário alimentou na moça citada a necessidade básica de autoestima e representa o reconhecimento de mais alguém e de si própria, gerando autorrealização por superar um desafio. Isso leva a querer continuar, dando chance ao estabelecimento do hábito. É um reforço positivo e condicionante.

Como mentor e treinador, eu sempre estimulo uma ação específica, elogio o bom resultado e... a pessoa repete. Agora, se faço isso de uma maneira padronizada, existe uma chance de que ela descontinue. Sabe por quê? Virou padrão, ficou monótono.

Os objetivos de emagrecer e ter bem-estar são os mesmos. O que eu faço é mudar o padrão do estímulo. Se na primeira semana eu propus uma atividade de trinta minutos na praia, na semana seguinte posso sugerir que ela pedale no calçadão. Ou pule na água para nadar.

Eu mesmo, que nadei a vida toda, já falei em capítulo anterior que encontrei mais recentemente na corrida (uma das modalidades do triatlo) um estímulo novo. Algo sensacional, único, um transe quase hipnótico que a natação não me trazia. Correndo, meu desempenho não chega nem aos pés do que alcançava nadando. No entanto, a natação não atinge o *flow* que a corrida me traz, que é aquele estado no qual nos encontramos completamente envolvidos e absorvidos por uma atividade extremamente agradável.

Mesmo correndo como amador, atinjo a mais requintada forma de conectar meu corpo com minha mente. É incrível. A corrida faz isso comigo. De fato, a atividade física faz isso com as pessoas. Não tem relação com o verão, as férias, caber nas roupas. É estilo de vida, e não algo supérfluo. Isso deve estar na vida de TODAS as pessoas que buscam saúde física, emocional, mental.

CRIE MELHORES CONDICIONAMENTOS NEUROASSOCIATIVOS

A neurociência explica que, quando você cria e reforça algo em sua mente, seus neurônios deixam essa informação mais forte. Portanto, você pode controlar seu pensamento para construir sua realidade com os resultados que deseja alcançar. E, assim, virar várias chaves de superação.

Para dar um exemplo, digamos que tenha dificuldade de vender, por ter assimilado na infância que ganhar dinheiro é coisa de gente gananciosa, que não se preocupa com o "bem coletivo". Por meio de um novo condicionamento neuroassociativo, você pode mudar essa associação.

Uma das maneiras é observar excelentes vendedores em ação (vai perceber que eles cativam os clientes, sem enganá-los) e repetir a si mesmo que todos nós vendemos alguma coisa (um serviço, um produto, um talento, nosso tempo...). Uma vez que você associar essa atividade como positiva para a economia girar e necessária para a sobrevivência das pessoas e seu progresso financeiro, você conseguirá livrar-se daquela crença limitante herdada da educação infantil.

Vários *coaches* globais e propagadores da Programação Neurolinguística, como o californiano Tony Robbins, que já capacitou mais de 50 milhões de pessoas em cem países diferentes com seus treinamentos, livros e vídeos, abordam esse tema. Eles sabem que, ao criar uma realidade diferente e acreditar nela, a pessoa vai fortalecer:

- Suas conexões neurais;
- Quem você é e o que sente, sua identidade.

Cada pessoa é um ser único, percebendo o mundo da maneira como acredita que ele é, ou seja, conforme sua interpretação, aquilo que vê pelas próprias "lentes". O mundo não é como é. O mundo é como enxergamos que é.

> ## Você pode controlar seu pensamento para construir sua realidade com os resultados que deseja alcançar.

Então, se você mudar suas "lentes", muda o mundo, percebe? Na verdade, ocorre um efeito cascata: ao mudar seu condicionamento neuroassociativo, você também muda seus sentimentos em relação àquela situação, que mudam suas atitudes e, consequentemente, mudam seus resultados. Tudo isso é treinável.

Condicionamento é uma repetição neural. Repita o pensamento que deseja ter e as atitudes que precisa tomar, até que controle seu pensamento, construindo sentimentos que vão fortalecer a confiança de que é capaz de mudar sua realidade.

Em meus treinamentos, uma mudança de condicionamento neuroassociativo que gosto de provocar nos participantes é com relação à palavra "riscos". Tenho uma tese de que aqueles que ficam ricos em sua maioria são donos de negócio com bastante coragem para correr riscos e, principalmente, para administrá-los. Eu digo:

— Você quer ter sucesso, correto? Então vai precisar desenvolver uma coragem acima da média para lidar com riscos, seja trabalhando no mundo corporativo (pegando os projetos mais ousados para se destacar e ser promovido), seja empreendendo (pois a lucratividade é proporcional aos riscos que você encara).

Eu associo com a coragem de apostar alto e lidar com as consequências. Não é uma coisa ruim. Correr riscos faz parte da vida, deve ser visto como algo natural, e não como uma ameaça para nos deixar inertes. Por medo de correr riscos, você pode estar perdendo várias oportunidades de viver muitas coisas. Vamos mudar esse condicionamento neuroassociativo o quanto antes?

MENTALIDADE ADEQUADA

PENSE GRANDE, MAS FAÇA UMA COISA DE CADA VEZ

Para ajustar o *mindset*, faz-se necessário também desfazer dois mitos importantes:

Mito 1: pensar grande e pensar pequeno dá o mesmo trabalho.
Mentalidade adequada: pense com requinte, ou seja, fracione.

Eu sei que estou contrariando uma porção de gente quando digo que pensar pequeno e pensar grande não dá o mesmo trabalho. Sonhar, talvez. Por uma razão fisiológica. O cérebro representa aproximadamente 6% do corpo humano. Entretanto, consome, em média, um quarto de toda a energia dele.

Já pensou no montante de energia que seu cérebro consome a cada 24 horas de pensamento grandioso? Trabalha muito mais do que se pensasse pequeno, o que reduz sua reserva de energia para ter brilhantes ideias e desempenho satisfatório no dia a dia.

O cara que acorda e pensa "Eu vou tomar um cafezinho no escritório para ganhar tempo, fazer o planejamento trimestral de minha equipe de vendas, criar uma situação incrível para os dez maiores clientes, fazer reunião com meus liderados" certamente fará muito mais esforço comparado a outro, que acorda e pensa "Vou até ali trabalhar no meu objetivo de ganhar um cliente novo hoje e já volto".

O que eu aconselho? Pense com requinte. Significa dividir o pensamento em várias estratégias pequenas e focadas, concentrando-se em uma por vez, pois isso facilita atingir seus objetivos preservando energia. Em outras palavras, olhar para seu plano grande e colocar degraus, pensando em como vai subir cada um com mini-hábitos e com o princípio da intencionalidade, abordados no capítulo anterior.

Não tem de fazer tudo que pensou de uma vez só. Tem que fragmentá-lo "arquitetando" pequenas ações. Depois, você vai unindo cada pontinho de metas para conseguir montar um pensamento maior. Esse é um grande segredo.

Mito 2: o homem moderno é multitarefa.
Mentalidade adequada: seja monotarefa, com foco unilateral.

As pessoas são propensas a acreditar que podem fazer várias coisas ao mesmo tempo. Concordo em parte. As pessoas podem fazer várias coisas? Sim. Ao mesmo tempo? *Não* com eficácia. Achamos que conseguimos ter ALTA performance em várias frentes simultaneamente, mas é uma ilusão.

Experimente observar duas pessoas conversando sobre assuntos diferentes. Elas não se entendem. Se uma fala das compras do mês e a outra conta sobre a série de TV que viu no dia anterior, dá um "curto-circuito" na comunicação. Não temos a capacidade de absorver tanta informação de uma vez. Por isso, o cérebro escolhe, seleciona um aspecto no qual prestar atenção e ignora o restante.

Na verdade, o ser humano é monotarefa, e seu foco deve ser unilateral. Querer ser multitarefa tem deixado muita gente se sentindo atolada de obrigações e demandas vindas de todos os lados, sem realizar nada direito. Na prática, o que eu oriento é listar todas e ir focando uma a uma, em ordem de prioridade.

Existem diversas ferramentas que ajudam nessa organização. Eu uso várias. O resultado é mais foco, economia de energia e tempo. Uma que funciona muito é anotar meus objetivos do dia num caderno de capa dura, quase do tamanho de um passaporte, com elástico que destaca as páginas. Vale usar o bloco de notas virtual, mas eu prefiro papel e caneta. Qual é o benefício? Fico 100% presente quando escrevo.

É verdade que esse ritmo acelerado de vida que todos temos nos obriga a fazer várias coisas ao mesmo tempo, como dirigir, pagar contas, levar o filho à escola, trabalhar, praticar inglês pelo Skype à noite… Você e eu conseguimos, mas não em ALTA performance.

Aliás, não há nenhuma experiência científica que comprove que as pessoas são multitarefas. E dá um alívio saber isso, especialmente quando você se vê rodeado de gente pedindo para "se virar nos 30" com maestria. Resista, pois é cilada.

Aliás, para nosso bem, o neurocientista francês Jean-Philippe Lachaux, pesquisador do Instituto Nacional de Saúde e Pesquisa Médica de Lyon, estudou mecanismos cerebrais ativados quando estamos atentos, bem como os neurônios envolvidos no processo, incluindo os aspectos químicos e fisiológicos das sinapses, para afirmar ser impossível para o cérebro realizar duas tarefas intelectuais ao mesmo tempo.[5]

e tem mais: tão essencial quanto selecionar cada monotarefa é saber do que abrir mão, decidir o que não vai fazer. Escolha o que quer realizar no estado presente e não o que querem por você. Estude aquilo que quer aprender e levar para sua vida, não o que querem por você.

NA HORA H

— Joel, foco unilateral vai me fazer ganhar tempo?
— Sim. O paradoxo da escolha é que ter muitas opções faz perder tempo e energia. Escolha o que quer fazer agora e elimine o restante que pode tirar seu foco dessa escolha. Seu plano B, C, D é fazer o A dar certo.

PERMITA-SE SER FRÁGIL, E NÃO FRACO

O que vem à sua mente quando pensa na palavra "fragilidade"? Faça uma retrospectiva mental de sua vida até hoje e deverá encontrar alguma situação na qual sofreu pressão, aprendeu com ela e teve uma performance que surpreendeu até você. Então, convido a mentalizar um mantra de que gosto muito: "Os homens são bons, mas quando cobrados podem ser ainda melhores".

5 "Neurocientista francês desmonta mito do "multitarefa" e explica mecanismos cerebrais da atenção." *RFI*. G1, 13 Mar. 2018. Disponível em: <https://g1.globo.com/ciencia-e-saude/noticia/neurocientista-frances--desmonta-mito-do-multitarefa-e-explica-mecanismos-cerebrais-da-atencao.ghtml>. Acesso em jul 2019.

Eu fui educado lidando diariamente com a pressão da competição e não fiquei nem um pouco traumatizado. Pelo contrário. Quanto mais pressão sofremos, mais aprendemos, melhor performamos. Quem é antifrágil cresce na instabilidade, evolui em sua capacidade de ser resiliente, em sua inteligência emocional, e vibra quando isso acontece, pois vê como oportunidade de ressignificar situações, sentimentos, desejos e necessidades.

É verdade que reconhecer as próprias fragilidades o expõe. Entretanto, é um ato de coragem. Todos nós temos. Os campeões têm, e isso não os torna perdedores. Quem conhece e assume seu lado vulnerável não é fraco. As lembranças com meu pai, já falecido, me fragilizam, mas não quer dizer que sou fraco. Apenas que eu sinto uma baita saudade, vontade de chorar, nostalgia… e outras emoções naturais.

Um dos TEDs (palestras de cerca de quinze minutos disponibilizadas na internet) que mais me impactou foi o da pesquisadora norte-americana Brené Brown, a respeito do poder da vulnerabilidade.[6] Ao discorrer sobre suas pesquisas, ela releva que essa sensação está intimamente relacionada com a coragem e que, mesmo não sendo confortável, não precisa ser dolorosa.

O que mais aprimora sua resiliência e sua antifragilidade é justamente não querer mascarar que tem um lado vulnerável. Assuma-o agora, pois a presença é melhor do que ausência. Um dos motivos é que, ao reconhecer algo, é possível transformá-lo.

FORTALEÇA-SE COM AS PEDRAS NO CAMINHO

A Psicologia Positiva surgiu no final da década de 1990, com o psicólogo e professor norte-americano Martin Seligman, ex-presidente da Associação Americana de Psicologia, como um subcampo focado em comprovar que o ser humano pode ter uma vida mais feliz e plena. Ter profissionais concentrados no lado positivo da Psicologia, e não apenas nas doenças

6 Brown, Brené. *The Power of Vulnerability*. Disponível em: <https://www.ted.com/talks/brene_brown_on_vulnerability?nolanguage=pt%E2%80%93br>. Acesso em: jul 2019.

MENTALIDADE ADEQUADA

psicológicas, tem sido benéfico para a sociedade.

Se essa "primeira onda" é caracterizada por uma valorização da felicidade, uma segunda onda da Psicologia Positiva surgiu a partir do ano de 2004[7] para enfatizar que o bem-estar envolve uma interação entre o

> **Quem conhece e assume seu lado vulnerável não é fraco.**

lado positivo e o negativo da vida, e que ambos são essenciais para que pessoas e seus grupos alcancem resultados melhores.

Trocando em miúdos, é normal que haja pedras e outros obstáculos em qualquer caminho que escolha, e eles são úteis para você desenvolver resiliência e ficar mais forte. A natureza oferece exemplos maravilhosos disso. O pintinho tem de quebrar a casca do ovo para sair, assim como a lagarta precisa quebrar o casulo para virar borboleta.

É a dor do (re)nascimento. E você não pode ajudar com as próprias mãos, porque nesse caso os bichinhos morreriam. Romper o respectivo obstáculo foi o modo escolhido pela natureza para fazê-los se exercitarem e torná-los mais fortes. Quem nasceu de parto normal, por exemplo, já começou a se esforçar cedo, quando deixou o quentinho da barriga da mãe.

Esse mesmo esforço extra nos prepara melhor para o desafio seguinte a ser enfrentado. Alguns pais e mães superprotetores, que agem como limpa-trilhos, para que os filhos não tenham experiências negativas, não têm ideia de quanto os atrapalham.

Em seu livro *Força de vontade não funciona,* Benjamin Hardy cita nove peças valiosas para uma vida plena, de acordo com os pesquisadores envolvidos nessa segunda onda: gratificação adiada, frustração, desconforto, insatisfação, dor, tragédia, estranheza, vergonha e incerteza. Quem nunca?

---

7 Lomas, Tim; Collinson, Dan; Ivtzan, Itai. *Psicologia positiva de segunda onda: uma introdução.* Disponível em: <http://pt.psy.co/psicologia-positiva-de-segunda-onda-uma-introduo.html>. Acesso em: jul 2019; Graziano, Lilian. "O futuro da Psicologia Positiva". *Research Gate.* Disponível em: <https://www.researchgate.net/publication/309155238_O_Futuro_da_Psicologia_Positiva>. Acesso em: jul 2019; Corrêa, Andréa Perez. "Entendimento necessário – senso comum, multidisciplinaridade e cientificidade em Psicologia Positiva". *Make It Possible Mag.* Disponível em: <https://issuu.com/revistamakeitpositive/docs/mipmag2_completa>. Acesso em: jul 2019.

Eu gostei dessa lista porque passamos por tudo isso de um jeito ou de outro. E amadurecemos. Melhor não fugir desses sentimentos, mesmo que não sejam agradáveis, pois aprendemos com eles. Quando há um dilema desorientador, que dilacera nossa maneira de pensar, devemos aproveitar para mudar. Sem ter vergonha de mudar de opinião, sem ter vergonha de pensar e sentir para superar.

SÓ ACEITE CONSELHOS DE QUEM TEM RESULTADOS

Se for para seguir alguém, pegar conselhos de alguém, que seja de pessoas que são consistentes, congruentes, legítimas, e não "fake people". Elas não têm de dizer o que você precisa fazer. Você é que tem de vê-las fazendo o que você quer fazer, matando a "cobra" e mostrando o resultado. Porque a palavra motiva, mas o exemplo arrasta.

Eu sempre digo para não aceitar conselhos construtivos de quem nunca construiu nada. Além disso, não fique num lugar em que as pessoas falem aquilo que você quer ouvir, mas, sim, aquilo que precisa ouvir.

Na minha memória, parece que foi hoje que eu recebi este grande conselho:

"Faça o que quiser, pense como quiser, mas não culpe ninguém por seus resultados."

Esse é um valor muito forte que ecoa em tudo que eu faço até hoje. Foram as últimas palavras que meu pai me disse antes de morrer. Obra-prima. Amo tanto essa frase que a tatuei em meu braço. Ele podia ter escolhido outra coisa, mas preferiu fazer esse lembrete de que devemos todos ser autorresponsáveis.

Nada podia ter sido tão perfeito na hora de sua partida. Foi um presente. Mudou a forma como eu enxergo o mundo e tudo ao meu redor.

Por isso, sempre finalizo minhas palestras com essa frase. Algumas pessoas choram, a maioria fica impactada. É minha frase âncora para criar um estado emocional positivo na plateia.

Geralmente, gaguejo, faço uma pausa, respiro e pronuncio a frase. Ela é o lembrete de que devemos ser autorresponsáveis. Se fizer sentido para você, use-a sem dó, pois ela tem poder.

> *"Filho, você não tem de matar a cobra e mostrar o pau.*
> *Você tem de matar a cobra e mostrar a cobra morta."*

Esse também foi um dos melhores ensinamentos que recebi de meu pai. Sua performance é medida pelas provas que você oferece. Contra fatos não há argumentos. Além de provar suas afirmações, procure escutar e seguir SOMENTE os conselhos e as dicas das pessoas que fazem o que pregam.

Nossos pais são nossos maiores *coaches*. Os filhos que escutam seus pais vão mais longe, essa é a verdade. Em 2012, eu estava com uma dúvida cruel, sofrendo. Em vez de pedir conselhos aos gurus, fui visitar minha mãe. Sentei à mesa da cozinha e pedi seu conselho. Ela me disse:

— Filho, escute seu coração. Siga o que você acredita ser o melhor. Se errar, foi pelas próprias convicções.

Uma obra de arte sobre a essência da vida. Segui à risca e deu supercerto. A aflição foi embora. Não perguntei o motivo. Afinal, mães têm superpoderes dos quais homens não chegam nem perto. Obrigado, mãe. Aliás, já agradeceu sua mãe hoje?

Numa das vezes em que palestrei, em 2019, coloquei minha mãe no palco. Agradeci por tudo. Por apostar no filho dela quando nem ele mesmo confiava. Por aturar todas as besteiras e infantilidades que fiz. Por se comprometer comigo em todos os sentidos. Por ser minha mãe antes de querer ser minha amiga. Hoje, minha grande amiga.

Há pessoas demais falando de conquistas que elas próprias nunca tiveram. Mentem, enganam com persuasão, pegam as pessoas num momento de instabilidade emocional e as sugestionam "Vai por ali, não vai por aqui, porque esse é o caminho". A sociedade está muito barulhenta.

Um conselho que está na moda é "Você tem de desenvolver seu propósito". Só que a pergunta precisa ser um pouco mais profunda. "Como eu chego ao meu propósito? Me dá ferramentas, me empodera, por favor." e a melhor maneira de receber essa "bússola" é com exemplos.

Como disse meu pai, nem sempre a culpa é sua, mas a responsabilidade é. Inclusive a responsabilidade de escolher muito bem a quem seguir. E, se você é bastante seguido nas redes sociais, um influenciador virtual, na família ou no trabalho, não fale a ninguém para mudar. Prove com seus exemplos de mudança. As pessoas mudam quando sentem sua verdade, e não quando apenas a veem.

GERE IDENTIFICAÇÃO E ALINHE PROPÓSITO

No processo de ajustar seu *mindset*, você vai se transformando e precisa gerar identificação com essa nova pessoa que renasce. Tem a ver com a sapiência de conhecer melhor a si mesmo, por estar diferente de quem era antes de se autoanalisar, decidir um objetivo e agir.

Lembra-se daquela pessoa sedentária e com sobrepeso que mencionei no início deste capítulo? Ela tinha em sua identidade "Eu canso, não gosto de fazer exercício". Depois da ação e do reforço positivo, gerou uma nova identidade: "Eu não canso tanto, faço exercício e descobri que é possível levantar todos os dias um pouco mais cedo para caminhar".

Essa pessoa também começou a se identificar com seu novo ambiente (de superação, atividade física, caminhadas ao ar livre), e não mais com o anterior (de sofá, batata frita, travesseiro). Algo ainda mais incrível acontece quando gera identificação com esse novo ambiente: fortalece o motivo dela (o porquê) para essa mudança, que é o propósito.

O que faz a pessoa agir, mesmo que por incentivo de alguém, é o propósito, que significa *o porquê* de fazer algo. É quando toca no real motivo de escolher esse caminho, e não outro. E esse propósito é mais uma memória ou uma percepção do que importa em relação ao que não importa.

MENTALIDADE ADEQUADA

Por isso, há de se ter cuidado com as crenças adquiridas no passado que segue carregando sem necessidade. Explico com este exemplo simples: pense numa criança, que começa a querer andar a partir dos 11 meses por tentativa e erro. Quer fazer uma ação, mas falha. E, toda vez que ela tenta andar e cai, mesmo sob forte impacto emocional, olha para os pais, que a incentivam "Que lindo! Você vai conseguir, tente de novo".

Esse fracasso é sinônimo de aprendizado; portanto, uma crença positiva. No entanto, quando o filho completa 10 anos, os pais já não acham que é uma coisa boa tentar algo novo e fracassar. Eles falam "Você errou, tem que parar com isso" ou "Eu avisei que você ia cair", criando um impacto emocional com viés negativo. Deixam de pensar que o filho cai porque está aprendendo. Não incentivam mais.

O que mudou? O significado. O que ficará na memória desse filho? Que cair é sinônimo de fracasso, então é mais prudente que nem tente caminhar. Mas, como é impossível avançar na vida sem falhar, você precisa revisar suas crenças, percebendo aquelas que, ou por repetição, ou por forte impacto emocional, criaram um *mindset* que atrapalha a criação de seu propósito.

Para dar outro exemplo, como ter um propósito de ser bem-sucedido na profissão mantendo a crença de que dinheiro é sujo? Ao identificar e mudar suas crenças limitantes, você se sentirá emocionalmente mais forte e mais livre para escolher seu propósito.

Quando você tem um propósito claro e com o qual se identifica 100%, consegue fazer escolhas irreversíveis, ou seja, sem nem pensar em voltar atrás. Age como o lendário comandante espanhol Hernán Cortés, que não media esforços para alcançar seu objetivo. Conhece essa história?

Esse obstinado e ambicioso desbravador da América Central

> **As pessoas mudam quando sentem sua verdade, e não quando apenas a veem.**

estava próximo de atracar no México, quando a tripulação de três navios percebeu estar em menor quantidade que os índios em terra. Observando que o medo tomara conta, depois que todos desceram, ele ordenou "queimem os navios", eliminando a opção de a expedição retroceder. O recado era claro: conquistar ou morrer.

Se você precisa fortalecer sua vida, queime os meios que facilitariam retroceder ao seu propósito. Não tem um plano B. Invista em algo em relação ao qual não possa voltar atrás, porque é para o bem. A menos que tenha caído na chamada "falácia do custo irrecuperável". Significa entender quando não está mais valendo a pena, não faz mais sentido, já deu errado. Não seja teimoso e realinhe seu propósito se não estiver tendo resultado.

APRENDA SEMPRE MAIS UM POUCO E ENSINE TAMBÉM

Qualquer pessoa é capaz de aprender continuamente – exceto a preguiçosa. Você consegue, sim, mudar seu *mindset* de fixo para o de crescimento (conforme expliquei no capítulo 2), convencendo-se de que é capaz de aprender TUDO sendo um "aluno" disciplinado.

Eu estudo todos os dias, sem pular um, há décadas. Leio seis livros por mês, assisto a vídeos e documentários todos os dias e aplico imediatamente tudo que aprendo. Não vejo TV, pois não tem nada lá para mim. E essa disciplina tem quatro razões principais:

1. **Eu faturo muito dinheiro com essa rotina.** Infelizmente, muitos brasileiros odeiam falar sobre dinheiro, mas eu não. Faço parte das pessoas que falam com orgulho. Aplicar tudo que estudo me traz muito dinheiro. E eu estudo, aplico e faturo rápido.

2. **Estudar me traz performance em todas as áreas de minha vida.** Principalmente nas áreas física, profissional, pessoal, espiritual e fi-

nanceira. Desde o dia em que li um livro sobre concentração, aplicando os métodos logo em seguida, bati o recorde brasileiro dos 50 metros livres em Recife; aos 19 anos, criei um padrão mental: ESTUDAR + APLICAR = PERFORMAR.

3. **Quanto mais eu me desenvolvo, mais ajudo as pessoas, em escalas geométricas.** "Pessoas precisam de pessoas" é um mantra que dá nome à minha empresa e propósito à minha vida. Faz todo sentido, faturo muito, performo muito, ajudo muito. E, como eu tenho um senso de urgência acima da média, faço isso rapidamente e todos os dias, como um verdadeiro atleta de ALTA performance.

4. **Dou exemplo ao meu filho desde muito cedo.** E meu filho Jhony, nascido em junho de 2019, não me atrapalha? Nunca. Jamais. Ele é meu parceiro em tudo. Estuda todos os dias comigo, mesmo dormindo sobre meu peito. Escuta o que eu digo, participa… Eu não coloco a culpa em ninguém e em nenhuma circunstância para não fazer o que eu devo fazer. Eu aprendi com meu pai, desde moleque, que eu poderia pensar como quisesse, fazer o que quisesse, mas não deveria culpar ninguém por meus resultados.

Portanto, aprenda não só com seus erros como com os dos outros. E coloco o seguinte adendo aqui: o sucesso deixa rastro, pistas. Tanto que todas as pessoas bem-sucedidas falam de comprometimento. Se nos comprometermos com qualquer coisa em nossa vida, teremos sucesso. O compromisso muda tudo. Ele é simplesmente o comportamento antagônico à preguiça.

Eu estudo bastante a Andragogia, que é a ciência de orientar os adultos a aprender. Enquanto na Pedagogia o professor está no centro do conhecimento, na Andragogia os adultos escolhem o que querem aprender. Portanto, o que está esperando para usufruir dessa liberdade de escolha e aprender o máximo DO QUE quiser?

Foque, mas não fique somente consumindo conteúdo. Comece a APLICAR. Conteúdo relevante é aquele pertinente a você, com o qual se identifique, para que possa seguir nisso focado. Não seja um motivado despreparado – busque conhecimento. E como absorvemos conhecimento?

É o que mostra a teoria do psiquiatra norte-americano William Glasser, amplamente divulgada e aplicada por professores e pedagogos. Trata-se de uma das mais interessantes e beneficia qualquer modelo de educação. A teoria propõe que nosso cérebro aprende:

- 10% quando lemos;
- 20% quando ouvimos;
- 30% quando observamos;
- 50% quando vemos e ouvimos;
- 70% quando discutimos com os outros;
- 80% quando fazemos;
- 95% quando ensinamos.

Não por acaso a metacognição vem ganhando relevância nos processos de aprendizado. Trata-se do pensar sobre o pensar, o princípio da Filosofia para entender o mundo, e de aprender a aprender enquanto vivencia e também ensina. O conceito abrange:

- Didatismo – ensinar de maneira simples até o complexo;
- Autodidatismo – capacidade de aprender e de se desenvolver sozinho;
- Construtivismo – construção de oportunidades e soluções utilizando os recursos que você tem, como habilidades, talento, e aprender com isso. Você faz o melhor que pode com o que já possui e nas condições em que está, até ter condições melhores.

Aprender e ensinar caminham juntos, pois as duas ações se retroalimentam. Andragogia + metacognição é um ótimo combo para se reciclar, se atualizar, se abastecer de novos conhecimentos sempre! Com o cuidado de selecionar o que mais o impacta para ter tempo de estudar e aplicar.

MENTALIDADE ADEQUADA

APLIQUE O PRINCÍPIO DA ADAPTABILIDADE

Tem a ver com mudar de perspectiva, sempre que necessário, e aceitar que você sempre pode melhorar. Mesmo quem já atingiu um nível alto de realização sempre tem um objetivo maior a ambicionar. Você deve sempre elevar seus padrões de exigência, pois corpo e mente são totalmente capazes de se adaptarem.

Para quem já conquistou alguma ou muita coisa na vida, eu falo para não se acomodar. Você sempre vai conseguir se adaptar, porque faz parte da natureza humana buscar desafios. Cuidado apenas para não confundir desafio com delírio, que geralmente envolve uma mudança drástica, um grande salto do dia para a noite…

Desafio é algo que vai exigir que você eleve seus padrões, coloque mais energia e mais foco, dedique mais atenção, mas você sabe e sente que é possível conquistar. O fato de ter atingido um ponto alto na vida não significa que você tem de parar.

Sucesso não é ausência de carga. A sobrecarga faz você crescer. Ela gera adaptação, e esta gera supercompensação. Explico fazendo uma analogia com a musculação na academia. Quando você quer desenvolver o tônus muscular, precisa de uma carga além daquela a que seu corpo já está adaptado.

Num primeiro momento, essa sobrecarga vai abalar o estado de equilíbrio interno do organismo (chamado de homeostase). Mas ele próprio trabalhará para regular novamente. E, quando se recupera, volta mais forte do que estava antes – ou seja, tem uma supercompensação.

Isso ocorre com seu sistema biológico e também com seus desafios na vida. Um professor intensifica o conteúdo para seus alunos crescerem. Um líder aumenta um pouco a meta do ano anterior para seus liderados crescerem. Num primeiro momento, ele altera a homeostase da equipe, que tem dor de cabeça, fica desconfortável. O organismo, porém, encontra uma maneira de supercompensar e melhorar a performance.

A linha tênue é que posso ter uma sobrecarga (funcional) que me faz ficar forte ou outra que me faz render, depois "quebrar" e não voltar ao rendimento desejado (desfuncional). E cada ser humano tem uma capacidade de absorção dessa carga e de recuperação. Como calibrar isso? O que eu indico é ir fazendo uma sobrecarga:

- Gradual – um pouquinho maior a cada dia, analisando seus limites (inferior e superior, conforme detalhei no capítulo 5);
- Sempre comparada com as anteriores em si mesmo, e não com a sobrecarga de outras pessoas; caso contrário, poderá superestimá-la (não suporta e não cresce) ou subestimá-la (não sente diferença e também não cresce);
- Contínua.

Elevar a sobrecarga com essas três regras é uma forma de treinar sua mente para ser antifrágil. A propósito, no próximo capítulo vamos focar ainda mais as cinco áreas centrais de **treinamento** para mudança de hábitos e aumento da performance. Aquecido? Vamos lá.

VOCÊ DEVE SEMPRE ELEVAR SEUS PADRÕES DE EXIGÊNCIA, POIS CORPO E MENTE SÃO TOTALMENTE CAPAZES DE SE ADAPTAR.

TREINAMENTO

159 COMO SE TORNAR IMBATÍVEL (ESFORÇO + TALENTO)

160 COMO SER *BEM* MAIS DISCIPLINADO

161 COMO SER MAIS PRODUTIVO TODOS OS DIAS

163 COMO TER EXPERIÊNCIA DE PICO

165 COMO REUNIR OS ELEMENTOS DA ALTA PERFORMANCE

167 COMO PROMOVER MUDANÇAS DE MANEIRA ESTRUTURADA

168 COMO ESCOLHER UM AMBIENTE ESTIMULANTE PARA CHAMAR DE SEU

170 COMO TIRAR SUAS IDEIAS DO PAPEL

171 COMO GANHAR MAIS DINHEIRO E GERAR RIQUEZA

173 COMO SER UM VENCEDOR QUE INSPIRA OS OUTROS

Lapidar seu talento é o grande objetivo do treinamento. Para isso, vamos abordar como trabalhar o foco, a disciplina, a personalidade, o ambiente e os recursos. E aproveite as perguntas que farei, destacadas com uma tarja, para personalizar ainda mais seu treino.

Cada atividade terá um impacto transformador em uma ou mais das cinco áreas centrais para a mudança de hábitos e o aumento da performance: carreira, relacionamento, saúde, dinheiro e espiritualiade. Por dia, escolha e mentalize uma delas para colocar foco absoluto.

Espero que, depois de ter passado pelos capítulos anteriores, você tenha maior clareza sobre qual é sua meta, o que faz melhor do que tudo e do que a maioria das pessoas. No meu caso, eu posso até entrar numa escola de música para aprender a cantar. Mas não tenho tanto talento para figurar entre os grandes cantores. Meu talento é falar em público, e nisso eu sei que estou entre os melhores.

A definição de talento com a qual mais me identifico é a do livro *Descubra seus pontos fortes*, do consultor de negócios britânico Marcus Buckingham e do psicólogo norte-americano Donald O. Clifton: "Talento é qualquer padrão recorrente e inato de pensamento, sensação ou comportamento, que possa ser usado produtivamente".

A propósito, Clifton desenvolveu o teste Clifton StrengthsFinder, que já ajudou 21 milhões de pessoas no mundo a despertar para seu grande talento, tendo como base a Psicologia Positiva, a Neurociência e a avaliação psicométrica (capacidades, conhecimentos…). Mesmo sem fazer o teste, seguem três pistas bem confiáveis para identificar e/ou confirmar qual é o seu:

- Existe o desejo de fazer (que geralmente nasce cedo)?
- Consegue aprender rápido (faz "rindo" o que mais alguém faz "chorando")?
- Tem satisfação alta?

Você pode ainda se fazer estas quatro perguntas:

- O que eu faço com facilidade?
- O que eu estou disposto a estudar?
- O que as pessoas reconhecem de habilidade em mim?
- O que eu gosto *muito* de fazer?

Agora, sinto informar que talento sozinho "não faz verão". A pessoa vira TOP quando junta talento com treino. Por consequência, ganha maestria. E também dinheiro, fazendo algo pelo qual se apaixona. É a Lei da Tripla Convergência (talento + renda + paixão = sucesso), tendo no centro a vocação, conforme apresenta o pesquisador brasileiro e amigo Jacob Petry, em seu livro *O óbvio que ignoramos*.

O talento por trás do talento é a disciplina, sua ferramenta-mor para lapidar o que você faz de melhor. Então, comprometa-se *agora* consigo mesmo a treinar repetindo sempre e *muito*! Depois de ter tomado consciência, começado a agir, ajustado o *mindset*, você está aquecido para melhorar seu desempenho até alcançar o sucesso que almeja.

Todo mundo me pergunta como ter ALTA performance na prática. E eu sempre falo que existem diversos treinos para conseguir atingir as rotinas e os hábitos que vão deixá-lo um pouquinho melhor a cada dia. Vou partilhar uma boa seleção a seguir.

COMO SE TORNAR IMBATÍVEL (ESFORÇO + TALENTO)

Como mentor, pergunto à minha audiência na internet:

— O que você faz logo depois que assiste às minhas *lives* pela internet? Como coloca em prática tanto conteúdo?

Nelas, ensino como treinar para uma porção de metas, igual a como vou fazer com você nesta e nas próximas páginas. Entretanto, reforço que o ideal é focar em treinar uma por vez, aplicando gradualmente o que aprende, para não desmotivar.

Não significa pegar leve, pois você aguenta! O esforço só vence o talento quando o talento não se esforça. Esse é outro de meus mantras prediletos, inspirado na frase *"Hard work beats talent when talent fails to work hard"* (que em português seria: "O trabalho duro supera o talento quando o talento não trabalha duro"), atribuída ao jogador norte-americano de basquete Kevin Durant.

Sem esforço, a pessoa talentosa não vai longe. Já com os dois quesitos… ah, ela se torna imbatível! Terá mais sucesso do que outra apenas esforçada.

Agora, esforço inteligente não é fazer o mesmo esforço o tempo todo, e sim ter rotinas sem monotonia, inovando e se reinventando sempre. O criador de um dos maiores impérios de quadrinhos do mundo, Mauricio de Sousa, nos dá uma "aula" sobre isso.

Certa vez, quando eu ainda coordenava o Instituto Neymar, recebi a visita desse gênio dos quadrinhos, empresário e escritor único, que já imprimiu cerca de 1,2 bilhão de revistas no mundo. Ele me contou que estava havia mais de cinco décadas ativo (completando sessenta anos de carreira em 2019), dominava mais de 90% de seu mercado e contava com 2 mil produtos licenciados e cerca de quatrocentos funcionários.

— Meus parabéns! Como consegue isso? — eu quis saber.

— Procuro jogar simples, sem ser simplista. Sempre falei com meus dez filhos na mesma linguagem. E tem mais: eu faço a mesma coisa de maneiras diferentes.

Por isso o mercado é *dele*. Mauricio não insiste em esforço burro. Ele persiste em esforço inteligente, explorando seu talento numa prática deliberada, que é aquela na qual coloca intencionalidade, disciplina, energia, maestria. Não tem como não dar certo.

COMO SER *BEM* MAIS DISCIPLINADO

Muita gente também me faz essa pergunta e já me peguei pensando muito em um jeito prático e rápido para treinar essa virtude hoje mesmo. Cheguei a três aspectos. Vamos lá:

1. É preciso ter processo. Tudo começa pela clareza do propósito de fazer isso, os porquês, os benefícios, as recompensas. Saber o que você quer, quando, como chegar lá… é importante para criar um plano para o qual vai se disciplinar a cumprir.

2. **Saber por quem vai fazer isso.** Ao seu redor, certamente tem gente esperando que você tenha disciplina, precisando que seja persistente, antifrágil, exemplo com atitudes consistentes. E pergunto:
   - Como se sente sabendo que tem gente esperando que você tenha uma disciplina deliberada?

3. **Começar com mini-hábitos.** Não adianta querer mudar do dia para a noite. Cansaria demais o cérebro, e sua força de vontade declinaria, entre outros inconvenientes que você com certeza não quer. Adquira disciplina com pequenas atitudes, metas, dando chance ao hábito. Assim fica bem mais fácil.

NA HORA H

— Joel, eu quero ter sucesso, mas acabo repetindo os mesmos erros.

— Calma! Falta treino, prática de fazer diferente, com disciplina para não deixar padronizar a coisa errada. Eu mesmo temia falar em público até que ganhei um violão de meu pai e precisei aprender a tocar e cantar para dar propósito ao meu novo instrumento.

— Tem quem não consiga?

— Tem. O treino só não se aplica a um tipo de pessoa, o preguiçoso. Ah, ao teimoso também. Seja persistente, encontrando novos caminhos para chegar ao seu objetivo.

COMO SER MAIS PRODUTIVO TODOS OS DIAS

Considerando que energia e tempo são seus maiores ativos, num treinamento que intitulei #DNAJOELJOTA eu indico um objetivo diário, por 21 dias, com atividades distribuídas conforme três alarmes programáveis:

1. rotina de entrada + método TLA (Tocou, Levantou, Água);
2. planejamento e tarefas do dia (*to-do list*);
3. rotina de saída.

O primeiro alarme é para levantar assim que ele tocar e se envolver imediatamente com o elemento água, o que vai ajudar a despertar. Lavar o rosto, escovar os dentes, beber água com gotas de limão… É isso que eu faço. Criei o método TLA (Tocou, Levantou, Água) com o intuito de incentivar as pessoas a iniciarem bem cedo sua rotina de entrada – na minha, também tem zero açúcar e exercícios todos os dias.

Quem faz parte do 5am Club, acordando por volta das 5 horas da manhã, como eu, partilha de ondas energéticas mundiais de prazer e descanso e garante que um bom começo seja a metade do caminho (aumenta a chance de tomar decisões melhores e de melhor performance no decorrer do dia). Às 8h30 da manhã, enquanto muitos estão abrindo os olhos, eu já fiz muitas coisas.

O segundo alarme é para listar todas as atividades que você vai realizar naquele dia, focando uma por vez. Existe uma pergunta central para se fazer, no momento em que sentar para traçar esse plano de ação das horas seguintes até a noite:

- Qual é a única coisa que eu tenho de fazer hoje para que todas as outras fiquem mais fáceis?

O terceiro alarme é para largar a caneta, o mouse, o celular, o computador à noite e entrar no chuveiro. A rotina de saída representa o final de seu dia produtivo e vai exigir de você um roteiro específico de três etapas:

- **Preparação** – Eu costumo tomar o segundo banho do dia, que não precisa mais ser gelado, escutando uma música de ancoragem (que me lembre de alguém ou algo agradável). É o momento ideal para me perguntar:
  - O que eu aprendi hoje?
  - O que deu certo hoje?
  - O que pode melhorar?

- **Relaxamento** – É a fase intermediária da rotina de saída. Vá para a cama e prepare um ambiente adequado, com iluminação, conforto e som controlados. Uma ótima dica é ler, pois vai ajudá-lo a se desligar do resto e facilitará seu sono. Prefira livros de linguagem simples e que sejam agradáveis, com mensagens importantes e revigorantes. Leituras que tocam seu lado emocional e espiritual são as melhores nessa hora.

- **Autossugestão** – Para facilitar o sono, deite, respire fundo e repita mentalmente pelo menos dez vezes a seguinte frase: "Vou dormir agora e, quando o despertador tocar amanhã, eu estarei totalmente descansado".

COMO TER EXPERIÊNCIA DE PICO

Experiência de pico pode ser uma atividade provocada a qualquer instante, e não raramente. É o momento do dia em que você apresenta maior disposição e energia para realizar aquilo de mais importante e desafiador em seu plano de ação. Isso pode ser conseguido de duas maneiras: com foco e com mudança do estado fisiológico. Eu sigo e recomendo este passo a passo para atingir esse pico, que aproveita os três alarmes:

Passo 1 – Método TLA. Tocou o despertador? Levante da cama e se envolva imediatamente com água.

Passo 2 – Princípio da inevitabilidade. Conforme detalhei no capítulo 5, faça as coisas serem inevitáveis, com claras intenções de implementação. Por exemplo: deixe o livro que deseja ler em sua mochila, fique perto das pessoas que falam sobre cursos, abra o dia assistindo a algum vídeo com bom conteúdo no YouTube, deixe a roupa da academia na cabeceira da cama.

Passo 3 – Atividade física. Faça em prol de sua saúde mental e física, e não só por estética. Seu corpo é sua armadura, seu tanque de guerra. Não para guerrear, mas, sim, para blindá-lo das situações difíceis do dia a dia sem se abalar. Não seja negligente consigo mesmo. Também gosto da ideia de que "seu corpo é seu templo". Faça o que você consegue, no lugar que pode, aonde for mais prático chegar (perto de casa ou do trabalho).

Passo 4 – Banho de contraste, gelado. Várias pessoas se beneficiam no mundo todo do banho gelado.[8] Age positivamente na pele, gera sensação de superação, melhora a imunidade e o metabolismo, beneficia a boa circulação sanguínea, favorecendo o sistema cardiovascular. Estimula a perda de peso, por acelerar a função metabólica; libera noradrenalina, que está relacionada ao foco e à boa memória; acelera a recuperação muscular; e diminui o ácido lático (seu excesso provoca fadiga e dores musculares). Em compensação, é mito que aumenta a testosterona e a fertilidade.

Passo 5 – Frases de poder. Nossos resultados têm relação direta com a qualidade das palavras que falamos. Aumente seu repertório com aquelas que transmitem força e confiança, em frases poderosas e relevantes para você e para quem quiser engajar em sua meta.

Passo 6 – Meditação. É um excelente exercício para trazer o pensamento de volta para o foco. Atenção é como um músculo que você treina.

Passo 7 – Cinco sentidos. Envolva-se sinestésica (ouvindo, cheirando, tocando coisas que dão energia…), visual e auditivamente com seu objetivo, para utilizar os vários tipos de processamento mental e de sentidos, ativando seu corpo de maneira mais ampla.

Passo 8 – Começar. Vá melhorando e adaptando seu *mindset* enquanto age. Tenha iniciativa. Coragem para viver o que quer viver, sem ficar só na vontade!

---

8 Buijze, Geert A. Et alii. "The effect of cold showering on health and work: a randomized controlled trial". *PLos One*, v. 11, n. 9, 2016. Disponível em: <www.ncbi.nlm.nih.gov/pmc/articles/PMC5025014>. Acesso em: jul 2019; Nagaich, Upendra. "Hydrotherapy: tool for preventing illness". *J Adv Pharm Technol Res.*, v. 7, n. 3, 2016. Disponível em: <https://www.ncbi.nlm.nih.gov/pmc/articles/PMC4932807/>. Acesso em: jul 2019; Mooventhan, A.; Nivethitha, L. "Scientific evidence-based effects of hydrotherapy on various systems of the body". *N Am J Med Sci.*, v. 6, n. 5, 2014. Disponível em: <https://www.ncbi.nlm.nih.gov/pmc/articles/PMC4049052/?report=printable>. Acesso em: jul 2019; Johnson, D. G. Et alii. "Plasma norepinephrine responses of man in cold water". *J Appl Physiol Respir Environ Exerc Physiol.*, v. 43, n. 2, 1977. Disponível em: <https://www.ncbi.nlm.nih.gov/pubmed/911386>. Acesso em: jul 2019.

Como eu adiantei, esses oito passos vão mudar seu estado fisiológico, trabalhar o foco e recarregar suas baterias energéticas. E a repetição vai gerar automatização.

Oriento também treinar ser antifrágil e resiliente para ter experiências de pico. De acordo com a Associação Americana de Psicologia, os dez princípios da resiliência são:

- Estreitar os laços afetivos;
- Saber onde buscar ajuda e amparar outras pessoas;
- Evitar encarar crises como problemas sem solução;
- Aceitar que mudanças fazem parte da vida;
- Perseguir seus objetivos;
- Tomar decisões práticas;
- Aproveitar as oportunidades de autoconhecimento;
- Ter uma visão positiva de si mesmo;
- Olhar com positivismo e autoconfiança para o amanhã;
- Cuidar muito bem de si.

Perceba que até aqui não falei nada que seja difícil ou impossível de implementar. Então, pergunto:

- Qual foi o maior *insight* que você teve com esses princípios?

COMO REUNIR OS ELEMENTOS DA ALTA PERFORMANCE

Você deve respeitar cinco aspectos, que fazem parte dos conceitos "talebianos". É como o mercado se refere respeitosamente ao financista líbano-americano Nassim Nicholas Taleb, uma das personalidades mais impactantes de nossa era, que enriqueceu apostando contra o consenso do mercado financeiro. Ensaísta, estatístico, analista de riscos, matemático de formação, é autor de vários livros que devorei, como *Antifrágil*, *Arriscando a própria pele* e *A lógica do cisne negro*. Detalho os aspectos e o que fazer para tê-los:

1. **"*Skin in the game*"** – Significa arriscar a própria pele, apostar alto, dar sua cara a tapa.
   Para conseguir isso, você deve ficar atento a duas coisas que expliquei no capítulo anterior: queimar pontes (aquelas que facilitam retroceder ao seu plano A) e evitar cair na "falácia do custo irrecuperável", insistindo no que já provou ser o caminho errado.

2. **Pressão social** – Torne público o que você vai fazer. Assuma compromissos públicos. Ao se expor, você aumenta as chances de executar.
   Para conseguir isso, escreva, conte a familiares e amigos.

3. **Coragem e consequências** – Inspire-se nos empreendedores ricos que assumem riscos e administram bem as consequências desses riscos e assim eleve sua lucratividade.
   Para conseguir isso, aprenda a confiar mais em você do que nas outras pessoas. Coragem é avançar mesmo com medo. Existem efeitos para todas as causas. Sobre consequência, uma pergunta determinante é esta:
   - Se você não mudar de atitude, o que de pior pode acontecer à pessoa mais importante de sua vida e que depende de você?

4. **Padrões elevados de autoexigência** – Sucesso não é ausência de carga, lembra? Eleve seus padrões de exigência consigo mesmo. Seja aquele tipo de pessoa que sai mais forte das dificuldades. É assim com seu músculo – quanto mais treina, mais forte fica. Trace um objetivo viável com prazo, prestação de contas, ações de intencionalidade, eliminando tudo no ambiente que enfraqueça seu plano.
   Para conseguir isso, não se acomode com os desafios já vencidos. Assuma uma sobrecarga gradual e vá treinar ser antifrágil.

5. **Novidade** – O fato de você nunca ter visto um cisne negro não quer dizer que ele não exista. Aquele tipo de pessoa que defende o que acredita com unhas e dentes acaba não percebendo o que tem de novo. O recado aqui é: não se convença. Escape do viés de confirmação fazendo mais perguntas do que disparando respostas sobre tudo.

   Para conseguir isso, pare de olhar para o próprio umbigo e de ignorar o ambiente. Encare um dilema desorientador, que põe em xeque suas ideias, como oportunidade de se reinventar, de repensar crenças e mudar de opinião. Não aceite conselhos de quem nunca fez.

COMO PROMOVER MUDANÇAS DE MANEIRA ESTRUTURADA

Para eliminar o que o fragiliza, combater o medo e ajudar a seguir firme em suas decisões de mudar, recorra à pirâmide dos níveis neurológicos desenvolvida por Robert Dilts, um dos criadores da Programação Neurolinguística (PNL). É um modelo conceitual de aprendizagem e de mudança que classifica os níveis nos quais podemos atuar para facilitar a identificação de aspectos que necessitam ser alterados e para traçar estratégias assertivas. Use e abuse dele, como fazem os experts em PNL.

- **1º nível – Ambiente (Onde? Quando?).** Localizado na base da pirâmide, abrange o ambiente externo (que você escolhe e que o influencia fortemente) e o interno (composto de hábitos e rotinas que você também escolhe adotar).
- **2º nível – Comportamento (O quê?).** Fica um nível acima e exige modelagem e repetição para ter posturas ativas e reativas 100% pertinentes com seu objetivo.

- **3º nível – Competências (Como?).** Nesse nível, você trabalha suas vantagens competitivas (conhecimento, habilidades e capacidades, atitudes…).
- **4º nível – Crenças e valores (Por quais motivos?).** Nesse nível, tem a oportunidade de adequar seu *mindset*. E há um capítulo inteiro mostrando como fazer isso neste livro.
- **5º nível – Identidade (Quem?).** Sugiro revisitar o mesmo capítulo do *mindset*, no qual mostro a importância de, à medida que for se transformando, ir conhecendo essa nova pessoa que se torna bem diferente da anterior. Tendo consciência de quem é e do que quer, você não se preocupa mais com os outros.
- **6º nível – Legado (Quem mais?).** Pessoas precisam de pessoas. Ter o que ensinar a mais alguém é garantia de continuar aprendendo e tendo mais sucesso em novos objetivos, levando seguidores.

COMO ESCOLHER UM AMBIENTE ESTIMULANTE PARA CHAMAR DE SEU

Para criar um ambiente de ALTA performance, você deve respeitar as cinco áreas centrais apontadas no início deste capítulo (carreira, relacionamento, saúde, dinheiro e espiritualidade). O ambiente que treina para o sucesso é aquele que extrai de você o que nem desconfiava existir em si mesmo. Pressão, volatilidade, estresse e hora H podem fazer por você mais do que pensa.

Estar num ambiente de ALTA performance é o caminho mais seguro para você aprender a performar, fazendo um esforço inteligente. Por isso:

1. Escolha um treinador que fale o que você precisa ouvir, não o que quer ouvir;
2. Escolha estar em ambientes com padrões mais elevados que o anterior. Nesses, acredite, você vai crescer muito mais rápido;

3. Escolha crescer com os melhores de sua área, seu segmento ou sua indústria;
4. Escolha estar em ambientes que fazem você se concentrar totalmente no plano A e não dispersar com planos B, C, D;
5. Escolha ser resiliente e antifrágil hoje, agora.

É importante ressaltar que todos os ambientes têm regras. Em alguns, você pode fumar; em outros, não. Uns permitem e valorizam a música alta; outros não. Em alguns, todos podem virar a madrugada; outros fecham cedo. Você conseguirá se adaptar a cada um deles se ficar lá por um bom tempo. A pergunta que não quer calar é:

- As regras do lugar em que você vive (ou quer viver) estão de acordo com suas regras pessoais, metas, ideologias e pensamentos?

O ambiente em que vive é sua responsabilidade. Ele é capaz de deixá-lo forte ou fraco. Para não depender somente de força de vontade, vá para um lugar que o estimule a saber o que quer, definir um propósito, ter comprometimento com seu objetivo e engajar outras pessoas a fazer o mesmo.

Quando muda seu ambiente, você muda junto. Estou convicto de que ambientes extraordinários geram pessoas extraordinárias.

> **Se você não mudar de atitude, o que de pior pode acontecer à pessoa mais importante de sua vida e que depende de você?**

COMO TIRAR SUAS IDEIAS DO PAPEL

Colocar uma ideia em ação e mantê-la até ficar estruturada, densa, também tem a ver com hábito e disciplina. Muitas pessoas têm insights capazes de mudar o mundo quando estão debaixo do chuveiro, os quais não se transformam em realidade. Por isso, contribuo com estas dicas simples:

1. Selecione suas ideias mais importantes e impactantes e escolha uma primordial para tirar do papel;
2. Você tem de sentir que essa ideia vai fazer diferença em sua vida. Vale se perguntar:
   - Essa ideia que quer tirar do papel é relevante para você? Ela vai levá-lo a algum lugar? Está alinhada com aquilo que quer conquistar a médio prazo?
3. Gaste menos tempo pensando na ideia e mais tempo executando-a. Para não ficar ansioso, querendo fazer muitas coisas ao mesmo tempo, seja seletivo, perguntando-se:
   - Qual é a primeira atitude que você deve tomar para que essa ideia dê algum resultado concreto, saindo de sua mente e indo para o plano material?
4. Defina o que é prioritário (conforme sua necessidade, viabilidade e paixão) e qual evidência vai buscar para confirmar que essa ideia está se materializando;
5. Monitore seus avanços gradativos, comemorando os primeiros indícios de que a ideia está vingando para se motivar a ir em frente;
6. Coloque um prazo e comprometa-se a cumprir com disciplina;
7. Seja veloz, e não apressado. Você não precisa acelerar; basta não parar;
8. Lembre-se de que, ao final desse prazo, você vai ter uma recompensa. E ela vai renovar sua energia para tirar uma nova ideia do papel ou aprimorar a que está dando certo.

NA HORA H

— Joel, qual deve ser o "tamanho" desse mini-hábito?

— Os empreendedores testam sua hipótese de negócio com um PMV (Produto Mínimo Viável, MVP em inglês), para evitar quebrar a empresa de cara, não é mesmo?

— Sim.

— Pois bem. Se, por exemplo, quer aprender com livros incríveis, como eu faço, seu projeto HMV (Hábito Mínimo Viável) pode ser treinar ler um parágrafo por dia ou um capítulo por semana, o que elimina a chance de falhar ou desistir. Vá avançando em seu objetivo gradualmente.

COMO GANHAR MAIS DINHEIRO E GERAR RIQUEZA

Tenho participado de muitos eventos presenciais e projetos virtuais relacionados à educação financeira. E ela passa por olhar para seu dinheiro como gente grande e por escolher estar em ambientes com pessoas que também trilham ter independência financeira, aprendendo e caminhando com elas.

Como treino, mostro nove pilares antifrágeis sobre dinheiro e comportamento financeiro que adoto em minha vida:

1. Você vai produzir cada vez mais dinheiro quando resolver os problemas das pessoas;
2. Cada pessoa que você conhece é capaz de pagar pelo menos 10 reais por algo que está no item 1;
3. É melhor fazer negócios e criar amigos do que ter amigos e criar negócios;

4. Conhecimento resolve problemas financeiros e não garantem ter mais dinheiro;
5. Comece agora a fazer seu dinheiro trabalhar para você;
6. Tenha múltiplas fontes de renda;
7. Antes de comprar, venda;
8. Cuide muito bem de sua "vaca leiteira", mas não dependa apenas dela;
9. Ajude as pessoas a ganhar mais dinheiro.

O dinheiro exerce um papel poderoso na vida de todos nós, não é? Tem uma passagem no livro *Pai rico, pai pobre,* de Robert Kiyosaki e Sharol Lechter, de que gosto muito. Ele fala que existem basicamente três tipos de pessoa conforme o comportamento financeiro: as de classe média baixa, que vivem para pagar contas, as de classe média alta, que passam a vida comprando passivos e achando que são ativos, e as que criam dinheiro e são realmente ricas.

Como contribuição, partilho mais três dicas que utilizei (e ainda utilizo) em meu dia a dia e que qualquer pessoa pode adotar imediatamente para ganhar (fazer) mais dinheiro:

- **Vender coisas que você tem e não usa mais.** É impressionante a quantidade de coisas que acumulamos em casa e que podem se transformar em dinheiro se vendermos. E, nesse caso, vale deixar a imaginação fluir sem a menor preocupação;
- **Vender as coisas dos outros.** Se você não tem nada que possa vender, pode aprender a vender os produtos dos outros, seja um carro, seja doces que alguém da família faz. Isso pode ser on-line, como é o caso dos programas de afiliados para infoprodutos hospedados em plataformas específicas (como Hotmart e EDUZZ). E também no formato convencional;
- **Ensinar algo que você sabe.** Quando analisamos com profundidade, percebemos que existem diversas pessoas disponíveis a pagar para aprender uma competência que sabemos e que, geralmente, conseguimos realizar com certa facilidade. Vender nossas habili-

dades é uma grande estratégia para criar dinheiro rápido. Analise tudo aquilo que sabe fazer, crie uma lista e ofereça às pessoas.

COMO SER UM VENCEDOR QUE INSPIRA OS OUTROS

Os campeões se revelam nas grandes ocasiões, nos momentos mais difíceis e decisivos. Como minha vida inteira está pautada no estudo e na convivência com vencedores no esporte e nos negócios, posso dizer que eles se saem bem em momentos cruciais por contarem fortemente com estes três quesitos, nos quais você também pode investir:

- **Grandes vencedores são forjados em AMBIENTES excepcionais.** Ou seja, são cuidados dentro de uma atmosfera que propicia isso. Sim, não me canso de afirmar que o ambiente molda. Foi assim com Michael Phelps, um exemplo de *hard worker* (que trabalha duro). Como ele conseguiu ser o grande campeão da história das Olimpíadas? A maioria das pessoas desconhece, por exemplo, que o nadador ficou durante cinco anos treinando todos os dias. Dizia que, ao final de um ano, teria 52 treinos a mais do que qualquer adversário seu, que não treinava aos domingos.
- **Grandes vencedores têm PERSONALIDADE: querem respeito, e não amor.** Eles acreditam em si mesmos. Enquanto Phelps foi considerado o maior medalhista da história em todas as modalidades desportistas, Usain Bolt foi o maior medalhista nos 100 e nos 200 metros no atletismo. O corredor tem uma característica incrível. Diante de milhões de pessoas que assistem às suas corridas e de tantos jornalistas, ele pede aos espectadores que façam silêncio colocando o dedo na frente da boca. Bolt não liga para os adversários e pede respeito à sua concentração.

- **Grandes vencedores treinam para desenvolver RECURSOS.** Conheço o Neymar há mais de uma década e tive a oportunidade de conviver com esse jogador e seus propósitos. Muita gente não sabe pelo que ele passou antes de ficar famoso. Integrou o time de futebol que conquistou para o Brasil a primeira medalha de ouro em Jogos Olímpicos (2016). Ele tem muita habilidade para tocar, driblar, armar as jogadas, fazer gol (de cabeça, com perna esquerda ou direita). Em outras palavras, Neymar tem recursos, conquistados com muito treino.

Por que grandes vencedores conseguem tomar decisões CORRETAS na hora H? Porque o ambiente molda, a personalidade é forte, e eles têm excelentes recursos. Hoje, o Neymar consegue chutar igualmente com a perna direita e a esquerda. Treinou esse recurso desde pequeno junto com o pai e o treinador dele e se sai melhor que a maioria dos jogadores em momentos cruciais do jogo.

Lembra que eu queria ser o Gustavo Borges? Naquela primeira vez que competi com ele, em 2001, perdi feio, porque não usei recursos poderosos e não tive personalidade (pedi permissão para ganhar dele), embora tivesse sido colocado previamente numa situação de treinamento intenso, num ambiente extraordinário.

Eu não consegui *ser* o Gustavo Borges. Então, resolvi investir em treinamentos para ser o Joel Moraes que se apresenta neste livro hoje, ganhando cada vez mais **consistência** em meu propósito.

OS CAMPEÕES SE REVELAM NAS GRANDES OCASIÕES, NOS MOMENTOS MAIS DIFÍCEIS E DECISIVOS.

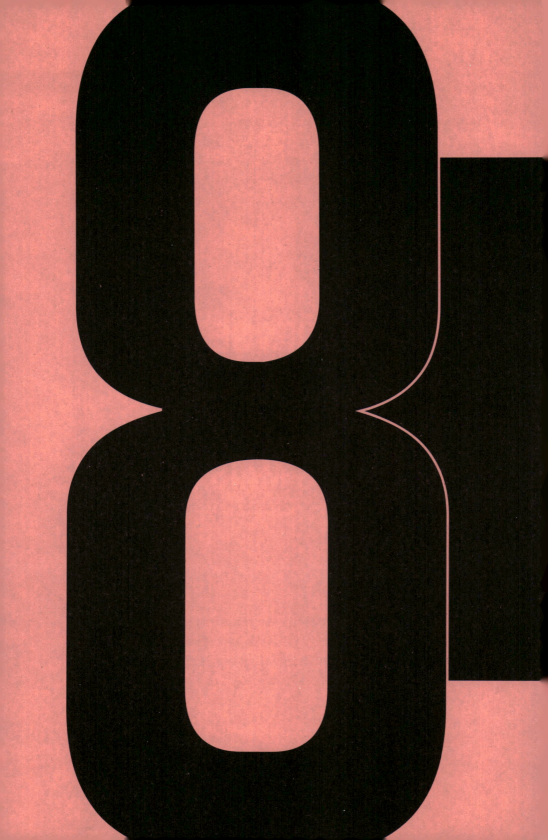

CONSISTÊNCIA

182 NUNCA MAIS PARE DE MELHORAR SEU PONTO FORTE

183 CONQUISTE AUTORIDADE, MELHORE SEU RESULTADO

185 REDUZA O CONTROLE, AUMENTE A SATISFAÇÃO

187 AVANCE COMO SE FOSSE UM VIDEOGAME

187 PARTA PARA OS AJUSTES FINOS

188 REFORCE SUAS INTENÇÕES DE IMPLEMENTAÇÃO

190 SEJA AMIGO DE SEUS ÍDOLOS

191 PRATIQUE UMA DAS DUAS MANEIRAS DE FICAR RICO

192 CONQUISTE TEMPO PARA O QUE MAIS QUISER

Chegamos ao ponto de refinamento do processo aprendido ao longo deste livro. Depois que você começou a treinar, de pouco em pouco, para atingir o objetivo escolhido, precisa fazer aperfeiçoamentos contínuos por meio da disciplina diária, do progresso controlado e do ajuste fino.

O sucesso é treinável. Portanto, repita bastante e torne-se um especialista. Lute dia após dia para ter pequenas melhoras que somarão num grande ganho. E, de novo, não nascemos com essa disciplina. Entre num ambiente de **ALTA** performance e não volte atrás até o final de seu desafio.

O jogo do progresso implica ter consistência. Atletas como Neymar e Thiago Braz focam o tempo todo no **REFINAMENTO** de cada uma de suas competências e capacidades. Só dá para querer ser o melhor, naquilo que nos

O sucesso é treinável.

propomos, depois de ter treinado os atributos necessários para poder competir em ALTA performance. O resto é ilusão.

Coloque suas expectativas dentro de um pote correto. Equalize-as e treine todos os dias, para que seu desejo de ser o melhor do mundo se torne um plano consistente. A disciplina é um grande ativo nesse processo, alimentado pelo senso de propósito (estar consciente do motivo de ter escolhido fazer aquilo) e pelo senso de responsabilidade (estar consciente de que só talento, sem treino, não basta).

Essa dupla consciência pode ser estimulada por outras pessoas (seus familiares, mentores, treinadores) e por lugares excepcionais, mas a responsabilidade por seu sucesso é SUA. Ela é evidenciada fazendo um plano de ação consistente, congruente, condizente com o destino final de cada atitude sua. De maneira tangível e realizável.

É assim que você desenvolve disciplina (o talento aprendido por trás do talento natural) todos os dias. Então, já que você tem de fazer uma atividade extenuante "dia sim, dia também", que ela gere muito sucesso (com todos os benefícios que isso traz) e tenha um propósito claro.

Nem sempre a culpa é sua quando as coisas saem do trilho, mas a responsabilidade é. Não se culpe pelo que não sabe, mas procure saber tudo de que precisa. E reconheça os resultados em sua vida para não se tornar um eterno insatisfeito.

Eu cresci muito mais com minhas derrotas do que com as vitórias. Eu sei porque perdi de lavada para meu ídolo, Gustavo Borges, naquela primeira competição juntos. Não era primordialmente por causa da questão física (altura + envergadura em desvantagem) e muito menos por ser filho de um negro de origem pobre.

No meu lugar, outros poderiam ainda achar outros culpados, como a distância ("é que eu moro longe"). Isso tudo é historinha para boi dormir. Naquela competição fatídica, pedi permissão para ganhar dele, e obviamente ele não deixou. Se você pedir permissão semelhante a um líder de mercado, vai ser diferente? É claro que não.

CONSISTÊNCIA

Aprendi com meu pai a não arranjar desculpas para os maus resultados e avisei no início deste livro que se transformar como pessoa e profissional gera um senso de autorresponsabilidade grande. É um caminho sem volta, mas é o que os campeões trilham!

Então, a esta altura do campeonato, não cabe mais culpar os outros pelo que você faz ou deixa de fazer. Como eu disse, estar no ambiente adequado, fazendo a coisa mais adequada, pensando da forma adequada ao seu objetivo, depende de sua decisão.

Fernando Scherer, o Xuxa, é um grande exemplo dessa consciência. Na avaliação desse atleta fenomenal, que já foi eleito o melhor nadador do mundo (no ano de 1998) e conquistou vários recordes e medalhas, esquecer os motivos para a busca do sucesso pode explicar por que pessoas de carreira vitoriosa entram em depressão.

O Xuxa topou ser meu entrevistado para um treinamento sobre antifragilidade e resiliência e defendeu estes pontos de vista:

- Viva como campeão, mas treine como um azarão, todos os dias, pelos motivos que começou;
- Não se esqueça de onde veio, questione-se sempre e lembre-se de sua jornada;
- Sinta seu corpo e respeite-se. Você vai errar, cair, tropeçar. Mas sempre LEVANTE. Reaja. Não espere, vá para a ação;
- Observe as crianças (como elas são simples!), viva o presente, respire, ame, aprenda, receba e dê mais amor;
- Pergunte-se POR QUE você faz o que faz. Também PARA QUE e POR QUEM. É isso que tem de movê-lo;
- Mude sua realidade micro para transformar sua realidade macro. Não se satisfaça com o que vem do mundo externo;
- Trabalhe, sirva, estude, dedique-se àquilo no qual é bom (mas não "se ache") e no que você precisa melhorar todos os dias (sem se julgar);
- Seja grato por tudo, por todos, por você existir.

NUNCA MAIS PARE DE MELHORAR SEU PONTO FORTE

Criar consistência também é escolher quais aspectos de sua performance você vai priorizar em seu plano de aprimoramento contínuo. Seu talento obviamente não é seu ponto fraco. Então, não desvie seu foco, ou estará dando as costas ao seu talento. Explico.

Dê mais atenção às suas habilidades naturais, aquelas que se apresentaram com facilidade e mais cedo em sua vida. Se você treina e desenvolve uma área de sua vida que está alinhada com um ponto fraco seu, nunca vai atingir um resultado tão bom do que se colocasse toda sua energia num ponto forte.

Então, grave isto que vou dizer agora: treinar seus pontos fracos vai deixá-lo mediano; treinar seus pontos fortes vai deixá-lo imbatível. Em outras palavras, você só vai fazer diferença na sociedade quando desenvolver ao máximo suas fortalezas, e não as fraquezas.

Ponto forte é o que você faz com consistência e quase perfeitamente, e ele não aparece em todos os aspectos de sua atividade profissional. As pessoas têm talentos permanentes, e seu maior potencial de crescimento está no aprimoramento daquilo que você faz melhor do que tudo e que a maioria das pessoas.

Qual é a frequência desse aprimoramento? Diária. E lembre-se: o que lapida seu talento é a disciplina. Identifique seu ponto forte e prometa a si mesmo (autorresponsabilidade) que não vai ser louco de ignorá-lo. Vai, sim, melhorá-lo um pouquinho todos os dias.

> ## Não se culpe pelo que não sabe, mas procure saber tudo de que precisa.

CONSISTÊNCIA

CONQUISTE AUTORIDADE, MELHORE SEU RESULTADO

Você, eu e todas as pessoas que conhecemos vivemos num mundo de percepções de valor. Os outros estarão disponíveis a contratá-lo, a comprar o que você vende, chamá-lo para um projeto ou mesmo confiar em sua orientação se você for percebido como uma autoridade naquilo que fala e faz.

Digo mais: você vai ganhar mais dinheiro quando suas atividades forem percebidas pelos outros como tendo muito valor *para eles*. Ou seja, seu talento, conhecimento e *know-how* terão utilidade para o mercado.

O único responsável pela construção de sua autoridade é você mesmo, e existem alguns passos que deve seguir para ganhar essa consistência. Ela não acontece do dia para a noite, é no passo a passo, no decorrer de sua vida, sem esperar que alguém a faça em seu lugar.

Quando você constrói sua autoridade, fica mais fácil se posicionar, ganhar mais dinheiro, escalar seu negócio, alcançar posições e cargos desejados e ter uma vida próspera realizando todos os seus objetivos. Enxergo três passos fundamentais:

O primeiro é dar resultado. Você precisa entregar aquilo que promete. Tenha ALTA performance, treine muito, porque vai facilitar muito se você se tornar autoridade no assunto ou na área. Não queira ser um líder amado pelos liderados. Queira ser respeitado e visto pelos liderados como quem sabe muito bem o que está fazendo, para orientar corretamente. A mãe de toda oportunidade é a necessidade. Em um ambiente de alta pressão, o verdadeiro líder aparece.

O segundo é se especializar. Estude muito para ser visto como um especialista em determinado assunto. Você vai se tornar autoridade porque entende profundamente daquilo ao ponto de ser procurado pelas pessoas necessitadas daquilo. Na prática, tudo que você faz (os livros que compra, os cursos, as mentorias…) são para esse fim, elevando assim seus padrões e melhorando seus resultados.

O terceiro é o ter comportamento influenciador. Suas ações e suas falas vão se adequar aos novos padrões, que você mesmo elevou com melhores resultados e especialização, os dois passos anteriores. E passará a influenciar outras pessoas. Você precisa confirmar com suas atitudes que realmente tem essa autoridade, passando a ser líder (é conquista, e não cargo) e ser exemplo. Ser e também parecer ser, conforme o ambiente em que vive.

Dica-bônus: pesquise seu mercado. Vamos supor que não seja quem dá mais resultado na competição um a um, mas é um especialista (entende o que acontece em sua área de atuação, as necessidades do público-alvo, como os clientes se comportam) e isso aumenta suas chances de sucesso. Afinal de contas, os comportamentos mudam atualmente numa velocidade maior daquela com que as empresas conseguem mudar.

Vamos supor que você trabalhe com reabilitação e seja um especialista em coluna cervical. Encontra outra pessoa que se especializou em uma vértebra da região lombar, a L3:

— E na L4 ou L5?

— Não é comigo. Eu sei tudo de L3. Já fiz pesquisa, publiquei artigos, atendi 150 pessoas com queixas ali, estive em congressos fora do Brasil sobre esse tema, acompanho estudos e professores.

NA HORA H

— **Joel, não é imprudente eu só saber sobre uma coisa?**

— **Queira ser especialista e depois se abra para um campo mais generalista. Como um cirurgião ortopedista geral, que se especializou em joelho.**
No cartão de visitas, informará os dois.

CONSISTÊNCIA

Tornar-se um especialista também abre novos caminhos profissionais ao longo da vida, pois todos nós ganhamos longevidade e queremos nos reinventar sempre, para continuar tendo sucesso com propósito.

Como exemplo, cito o Thiago Pereira, maior medalhista de todos os tempos dos Jogos Pan-Americanos. Foi recordista mundial dos 200 metros *medley* em piscina curta e medalhista olímpico em Londres (2012). Qual é sua meta hoje?

Gravamos uma entrevista em que ele contou sobre seu projeto de orientação a pais e filhos sobre a importância da prevenção de acidentes nas piscinas. É uma causa que o mundo precisa abraçar, e o expert Thiago chamou esse protagonismo para si!

Ele contou que, com algumas aulas de natação, é viável reduzir em 80% o índice de afogamento infantil. É muito bacana vê-lo propagar informações, influenciar pais, usar sua imagem e sua história de vitórias para salvar outras vidas.

Em certo momento do vídeo, eu perguntei:

— O que as pessoas mais precisam saber sobre ser um campeão?

— Quem vê a gente subindo ao pódio pensa que fiz isso sozinho. Natação é um esporte individual, mas há toda uma equipe por trás para fazer acontecer. Eu tinha um baita time me acompanhando o ano inteiro para chegar aos resultados: técnico, assistente, médico, fisioterapeuta, preparador físico, biomecânico, preparador mental, nutricionista... Então, aquela medalha não era só do Thiago.

REDUZA O CONTROLE, AUMENTE A SATISFAÇÃO

No passado, acreditava-se que a motivação era baseada em reforço financeiro ou prêmio, à base de recompensas e punições, tipo "cenoura" e "chicote". Se eu der a você mil reais, ficará motivado. Se eu dobrar esse valor, ficará ainda mais. Pois em seu livro *Motivação 3.0*, o autor norte-

-americano Daniel Pink trouxe uma abordagem que considero bem mais eficiente, baseada em três questões:

1. **Maestria** – as pessoas mais motivadas são aquelas que trabalham com aquilo que dominam, que realizam com excelência, utilizando seu talento natural.
   Elas querem ser as MELHORES no que fazem.

2. **Autonomia** – as pessoas mais motivadas gostam dessa liberdade de poder EXPLORAR sua criatividade, escolher seus caminhos.
   Elas querem ter "as rédeas" da própria vida.

3. **Propósito** – as pessoas mais motivadas são aquelas que estão em ambientes, projetos, empresas cujos propósitos se alinham aos delas.
   Elas querem beneficiar ALGO MAIOR, que faça a diferença.

E o dinheiro? Ele vem em decorrência desses três aspectos. Não queira colocá-lo na frente ("Ah, vou fazer só o que dá muito dinheiro"). Você aumenta imensamente suas chances de conquistar sua independência financeira treinando a maestria, criando autonomia para criar, norteando-se por um propósito claro.

O que Pink traz à tona, com vários exemplos de estudos e trabalhos de pesquisa, é a reflexão de que os fatores motivacionais vêm de dentro de nós – são intrínsecos. É nosso próprio nível de satisfação pessoal e profissional que nos faz buscar melhor desempenho e resultado no que nos propomos a fazer.

Pensando numa linha do tempo, se a motivação 1.0 tinha a ver com o instinto de sobrevivência, a 2.0 presumiu que os humanos realizavam atividades mais mecânicas e reagiam a recompensas e punições em seu meio ambiente.

O *upgrade para os dias atuais* é necessário, considerando que o homem tem também o terceiro impulso: **o de aprender, criar e melhorar o mundo. Tenho certeza de que muitos de nós também temos.**

CONSISTÊNCIA

AVANCE COMO SE FOSSE UM VIDEOGAME

A gamificação é um termo que estudei pela primeira vez com a autora do livro **A realidade em jogo**, Jane McGonigal. Em seu estudo sobre jogos de videogame e comportamento humano, essa **designer** de jogos norte-americana defende o uso dessa tecnologia não como entretenimento solitário, mas para promover um mundo mais colaborativo.

Eu me identifiquei com seu estudo, pois, quando jogava videogame, eu adorava o Mario Bros. Primeiro, ele tinha uma grande missão, uma grande causa, um grande objetivo a conquistar, que era salvar a princesa. Segundo, o jogo tinha etapas, fases. A cada uma, vinha outra mais desafiadora, difícil, exigindo melhoria do jogador.

Isso me dava uma progressividade em meu desempenho de jogador e motivações com cada *checkpoint*, como são chamados os marcos de passagem de fase. Se eu melhorasse minhas habilidades (de foco e agilidade, por exemplo), eu evoluía nos desafios.

Transportando para a vida real, é a maneira mais didática e ilustrativa de explicar o jogo do progresso, do qual tratei neste livro e culmina com o sucesso consistente. Afinal, as pessoas precisam:

- Ter um objetivo a buscar, uma causa a ser perseguida;
- Traçar um plano estratégico para chegar a esse alvo;
- Saber em qual fase estão (qual é o cenário atual);
- Ter feedback imediato (passou de fase ou não e os motivos);
- Treinar muito para ter melhorias e sucesso.

PARTA PARA OS AJUSTES FINOS

Ajuste fino é um termo bastante usado no universo dos atletas. Treinávamos intensamente todos os quesitos necessários para ganhar a competição. Quando ia chegando perto da hora H, as etapas haviam sido executadas. O momento era para fazer os reparos finais, cuidar dos últimos detalhes.

Fora do terreno do esporte, é quando o cara faz o "pezinho" no cabelo, a mulher dá o toque final na maquiagem, o garoto dá a última pincelada no trabalho de arte, o executivo faz a atualização final dos números que vai mostrar em sua apresentação, o noivo alinha a gravata e o terno pouco antes de subir ao altar.

Não é hora de começar nada do zero, de delirar dizendo "Ah, isso não está bom, então vou jogar fora e fazer outra coisa". Você não tem esse tempo nem outros recursos. Se fez a "lição de casa" direito (analisou, decidiu, fez o plano e começou a cumprir, ajustou o *mindset* e treinou muito), não faz sentido tremer na base agora, titubear, ficar inseguro com o trabalho feito.

A consistência está em passar para a fase de detalhes finais, perguntando-se: eu fiz tudo que eu tinha de fazer? O que pode deixar meu trabalho mais perto da perfeição? Não é para adicionar nada novo. É só dar arremate, acabamento, charme, requinte ou qualquer outro refinamento sutil naquilo que você já fez.

REFORCE SUAS INTENÇÕES DE IMPLEMENTAÇÃO

Aqui, o alerta é para combater os desvios de seu objetivo. Você já sabe que o ambiente é poderosíssimo na correlação com o pensamento e a ação. Quer ver um exemplo? Eu tenho um escritório. É maravilhoso, com vista para o mar. Estou nele agora e sozinho, lapidando este capítulo.

Nem quando minha esposa estava com 39 semanas de gestação, ou seja, a poucos dias de dar à luz nosso primeiro filho, eu trabalhava de casa. Bem que poderia, pois só precisaria de computador e celular conectados à internet. Mas eu não teria uma performance tão boa em casa ou num café quanto em meu escritório.

188

Então, saio de casa para fazer meus exercícios, volto e tomo um café da manhã saudável, sem demora. Depois me visto para trabalhar e rumo para o escritório. Sozinho, sento e me concentro nas atividades que preciso realizar, seja escrever, seja negociar uma palestra. Eu produzo muito bem, pois sei que estou 100% presente.

NA HORA H

> — Poxa, Joel, você já é um cara disciplinado.
> — Eu sou. Visto roupa de trabalho, estabeleço hora para chegar ao meu escritório, trabalho nele sozinho... Se eu estivesse trabalhando de casa, usando samba-canção e camiseta de pijama, teria que fazer um esforço grande para evitar as interferências, como ter pessoas me chamando.

Com esse ambiente inevitável, criei uma condição para não precisar fazer força. Quando entro nele, não tem bebê, esposa, sogra, gato; enfim, ninguém além de mim. Nada contra quem opta por *home office*, mas tenho ALTA performance dessa forma. O ambiente me ajuda.

Por não demandar tanta força de vontade, concentro energia e foco nas coisas que importam. Evito que minha cabeça lute contra as interferências, que são basicamente de dois tipos: tecnológica e humana. A primeira abrange aplicativos, redes sociais, e-mails, TV e assim por diante. E a humana tem duas subcategorias: externa (pessoas ao redor) e interna (meus próprios barulhos, voz interna que coloca dúvidas em minha mente).

Para isso, só precisei mudar um único ponto em minha vida: o ambiente.

SEJA AMIGO DE SEUS ÍDOLOS

Enquanto o julgamento atrai rancor, a empatia facilita construir relacionamentos de colaboração. O princípio da intencionalidade está também nos amigos que faço. Quem acompanha meus canais virtuais sabe que estou sempre trocando ideias com pessoas das quais também sou fã, como o Thiago Nigro, o Xuxa e o Thiago Pereira.

Gosto desta frase do publicitário Washington Olivetto, que ele sempre repete em suas entrevistas: "O sucesso profissional te dá muitas coisas boas, mas a melhor coisa é a possibilidade de ficar amigo dos seus ídolos".[9]

Eu também acredito que o verdadeiro sucesso chega quando nos tornamos amigo de nossos ídolos. Adoro estar em vídeos, palcos, mesas de reuniões e de restaurantes… com pessoas pelas quais tenho profundo respeito e admiração. Cada um tem um superpoder que quero aprender e modelar. Que você seja amigo de seus ídolos.

A investidora do programa *Shark Tank Brasil* e empresária do setor de beleza e bem-estar Cristiana Arcangeli é uma delas. Ela aceitou meu convite para dividir uma aula no mesmo treinamento em que o ex-nadador Xuxa participou e deu seu recado aos empreendedores:

- Inovação é a capacidade de se antecipar. Exige coragem, além de uma combinação de sorte ou oportunidade + preparo. Caso contrário, você vai se restringir à concorrência por preço, sem valor agregado.
- Tenha um planejamento estratégico com começo, meio e fim.
- Para ser um "tubarão" nos negócios como os do programa da TV, desenvolva disciplina, companheirismo, foco, perseverança, repetição e inteligência emocional.
- Critério *master* Cristiana Arcangeli para investir: importa mais a pessoa que o negócio em si.

---

9 "Herói, por Washington Olivetto". LumoLab. 16 ago. de 2012. Disponível em: <https://www.youtube.com/watch?v=kteRxrrAf28&feature=youtu.be>. Acesso em: jul 2019.

- Ao avaliar um negócio, é preciso perguntar: qual é o valor do produto? Qual é a margem de lucro? Qual é o tamanho do mercado? Qual é a inovação? Qual é o *valuation* (valor estimado da empresa, em inglês)?
- Não há atalhos para o sucesso, mas vale a pena aprender com os erros dos outros. E, se quiser, você consegue. Mesmo que os outros desmotivem, não desista;
- Use sua cabeça diante das adversidades para entender em que falhou, aprenda com isso e jamais se vitimize;
- Coloque metas atingíveis. Não é necessário ser grande, mas a empresa precisa ter margem de lucro para ser uma empresa feliz, com pessoas que querem mais.

PRATIQUE UMA DAS DUAS MANEIRAS DE FICAR RICO

Depois de treinar muito para o sucesso, a expectativa de ter retorno financeiro é grande, o que considero natural. Mas como podemos enriquecer ainda jovens na vida? Devemos investir? E a economia? Eu perguntei ao meu amigo Thiago Nigro, do canal *O primo rico,* num dos vários vídeos que já gravamos juntos:

— Por que é importante as pessoas quererem ficar ricas?

A resposta dessa figura que admiro demais é ótima:

— Para poder realizar a maioria de seus sonhos e ser quem elas quiserem SER, e não só TER. O dinheiro dá acesso a uma vida com qualidade e também me dá tempo para buscar tudo o mais que não se compra, que é poder elevar minha consciência, me desenvolver como pessoa e ser livre e leve para pensar da forma que eu quiser, fazendo o bem e atingindo mais pessoas.

Nigro já compartilhou com minha audiência no canal Academia de Campeões (YouTube) o que ele fez para ficar milionário aos 26 anos, quebrando o tabu de que seria algo mágico. Eu o admiro muito por isso e fico lisonjeado porque ele diz que aprendeu comigo como explicar os porquês dessa conquista.

Ambos concordamos que, seja juntando dinheiro, seja investindo no mercado financeiro ou empreendendo, NÃO IMPORTA, tudo começa por esta decisão: se você vai trabalhar pelo salário (vendendo suas horas por um valor previamente acordado, caso em que é melhor buscar uma empresa com remuneração variável, que premie cada vez mais seu resultado) ou pelo lucro (agregando valor às pessoas, e, quanto mais fizer isso, mais dinheiro poderá cobrar).

Para ficar rico, também temos de entender que fazer sacrifícios é necessário. Ou ganhando mais do que você gasta (exige se arriscar muito mais a perder dinheiro e oportunidades para aumentar suas chances de ganhar), ou gastando menos do que você ganha (exige muita disciplina e abnegação ou adiamento de prazeres), topa se sacrificar em prol de algo maior que o mova. Além disso, é importante aprender a administrar seu risco. Não é tentar eliminá-lo, e sim saber dosar o risco que você toma.

Outro ponto: trabalhar pelo aprendizado. Entre as mudanças que ele fez está acordar às 4h30 da manhã e usar as pessoas que têm mais dinheiro como inspiração para ganhar ainda mais. Sobre as dificuldades, Nigro admitiu ainda não saber lidar com as pessoas que não pensam igual a ele. E sugere a quem quer vida próspera buscar conhecimentos no lugar de conselhos.

CONQUISTE TEMPO PARA O QUE MAIS QUISER

Velocidade é importante neste mundo que valoriza a agilidade, mas afirmo que não precisa acelerar, basta não parar. Às vezes, a pessoa confunde com pressa. Todo mundo gosta de ser veloz, de melhorar seu tempo. Já a pressa pode fazer perder tempo, ter retrabalho, falhar na precisão das coisas.

Falar em velocidade remete a tempo. As pessoas querem aumentar a eficiência e eficácia de suas atitudes diárias, gerindo melhor as 24 horas. E temos uma jornada consistente quando conseguimos equilibrar melhor a vida pessoal e a profissional.

Ninguém quer morrer de trabalhar; e tempo não é o luxo moderno, como alguns pregam. É conquista. Curtir o melhor da vida com a família e os amigos, poder viajar e ganhar qualidade de vida são alguns dos maiores objetivos que as pessoas têm, sobretudo por causa da falta de tempo ou da má capacidade de gestão dele.

Um livro que fez diferença em minha vida foi *A tríade do tempo*, do Christian Barbosa, que é a maior referência em produtividade no Brasil. Quando fiz pela primeira vez o teste proposto no livro, durante minha formação em Coaching, descobri que 48% do meu tempo era sugado somente com urgências.

Conversei com ele mais de uma vez sobre como desenvolver hábitos e rotinas de excelência no trabalho e na vida pessoal e lhe agradeci por ter aberto meus olhos para equilibrar melhor as tarefas urgentes com as circunstanciais e, principalmente, as importantes.

Trocamos experiências, que geraram vídeos de bastante audiência em nossos canais virtuais. Ele revelou alguns de seus principais trunfos:

- **Exercitar diariamente a disciplina mental.** Acordar pensando no que quer e mover-se para fazer acontecer, pois a mente manda e o corpo obedece.
- **Estudar, estudar, estudar.** Ele já leu mais de 160 livros lançados no mundo sobre produtividade, sua área de *expertise*. Sua vida não é igual todos os dias, zero monótona, mas com uma série de rotinas (para ler, para investir, para movimentar suas startups, para sua esposa…).
- **Arriscar-se, pois o maior risco da vida é não arriscar.** Christian não tem medo de falhar, mas, sim, de estagnar. Sua experiência com empreendedores que começaram do zero e hoje têm patrimônio acima de 100 milhões de reais mostrou que eles em algum momento da vida trabalharam muito, mas perceberam que era a hora de se perguntarem: "Como expandir meu negócio sem precisar do meu tempo? Como fazer o dinheiro trabalhar para mim,

e não o contrário?". As respostas direcionavam para este caminho: como escalar seu negócio de uma forma sustentável. Na prática, como tornar a venda um a um em um a dez, a cem, depois a mil…

- **Estar ligado no próximo ciclo,** perguntando-se: "O que está vindo em termos tecnológicos e inovadores que vai mudar minha vida?". A próxima onda, que o Christian estuda profundamente, indica que todos nós teremos uma parceria híbrida com a máquina, criando um nível de produtividade que sozinhos não teríamos. É o começo de outro jogo.

DEPOIS DE TREINAR MUITO PARA O SUCESSO, A EXPECTATIVA DE TER RETORNO FINANCEIRO É GRANDE, O QUE CONSIDERO NATURAL.

FIQUE GIGANTE E CONTINUE ASSIM

200	**A FAMÍLIA CRESCE E A DECISÃO DE ACERTAR TAMBÉM**
202	**PARCERIA PARA VOAR JUNTO**
202	**MORRER VÁRIAS VEZES FAZ PARTE**
203	**A MELHOR VERSÃO DE NÓS MESMOS**

Como mentor de vida e de negócios, desejo que você tenha chegado a este capítulo com muito mais clareza e coragem de fazer exatamente aquilo que mais tem a ver com sua paixão, seu conhecimento e sua habilidade natural (que é seu talento), colocando metas que vai cumprir.

Só para reforçar, o talento por trás do talento é a disciplina.

Uma pessoa megatalentosa acaba perdendo para outra megaesforçada se não lapida seu talento com disciplina, foco, paixão e treino. Quando você faz todos os dias aquilo que domina, pelo qual é apaixonado, utilizando sua maior habilidade natural (que é como se fosse seu *gift* ou presente), você consegue ser gigante. Realmente cresce, fica fortalecido como um guerreiro.

NA HORA H

> — Joel, ter um motivo faz começar. E o que faz vencer na prática?
>
> — É o hábito. Crie o plano e deixe o resto com o hábito. Comece pequeno, mas comece agora, com o que tem, onde estiver e com o que sabe. Não espere a motivação chegar, mexa-se que ela vem. Pois o que faz CONTINUAR motivado são os resultados.

Torço para que encontre e desperte esse gigantismo dentro de você e trace um objetivo estando 100% presente em cada intenção e ação para atingi-lo. Como vai treinar muito, que seja fazendo algo pelo qual tem curiosidade, prazer, amor e também serventia aos outros.

Aqui, volto a uma pergunta-chave para querer CONTINUAR a melhorar pessoal e profissionalmente:

O que de pior pode acontecer com a pessoa mais importante de sua vida e que depende de você, caso você mantenha a mesma atitude?

A FAMÍLIA CRESCE E A DECISÃO DE ACERTAR TAMBÉM

Enquanto eu escrevia este livro, algo de gigantesco e maravilhoso ocorreu em minha vida, que foi me tornar pai. Com o nascimento do João Vicente (que carinhosamente chamo de Little Jhony), eu me fiz um questionamento-chave na paternidade.

Afinal, esse bebê representa o amor da forma mais potente e pura e depende 100% de minhas decisões. Assim, tudo ao redor ganhou mais sentido, renovando a autorresponsabilidade e a garra de querer acertar (por ele, por mim, pela nossa família), e isso gera melhores atitudes – sempre com uma intenção verdadeira.

Todo mundo pode errar na estratégia, mas a paternidade vem para reafirmar o compromisso de nunca errar na intenção. Eu sinto uma força extra para:

- Melhorar;
- Levantar;
- Suportar qualquer adversidade;
- Avançar.

Meu vínculo já era forte com minha família, especialmente com minha esposa, minha mãe, meu pai (em memória) e meus dois irmãos – o mais novo, Marcel, empresário na área de marketing, e a mais velha, Vanina, empresária do ramo de beleza.

Fui criado por um pai presente, decidido, valente. Eu absorvi seus valores e os estou levando para minha paternidade. Aquilo de que mais as pessoas precisam na vida para realizar algo notável é um grande motivo, pois gera uma ação. Eu sempre tive motivAÇÃO, fazendo as coisas por mim, pelos meus pais, pelas outras pessoas.

Meu filho bem que poderia se chamar João Vicente "Motivação" Moraes. Brincadeiras à parte, quando olhei pela primeira vez para ele já me senti mais determinado, guerreiro – como provavelmente meu pai se sentia quando me olhava, enxergando não um garoto franzino, mas meu gigantismo interior.

Jhony vai conhecer o avô dele por fotografias e pelas minhas palavras. Eu quero eternizar meu pai nas histórias que contarei, nos ensinamentos que coloco neste livro e no próprio nome e propósito de minha empresa, 3Ps, por expressar o grande lema dele: "pessoas precisam de pessoas".

Esse bebê com DNA Joel Jota veio para fortalecer minha clareza e coragem em relação a tudo que estou fazendo – e não é nada novo. Apenas me dedico a melhorar ainda mais. Não estou sozinho nessa jornada, faço questão de frisar.

PARCERIA PARA VOAR JUNTO

Existem algumas falhas que podemos cometer na vida, com consequências drásticas, pelo menos por um tempo, e uma das principais é a escolha da pessoa errada para casar. Eu encontrei a certa no ambiente certo, pois minha esposa também foi uma nadadora campeã.

A Larissa é uma mulher pela qual sinto respeito, admiração, orgulho e muito amor. Tem uma história vitoriosa e não pede para voar amarrada a mim. Nós voamos lado a lado, com igual energia, juntos – ainda mais agora que geramos um filho. Tem laço de amor maior?

Minha esposa é muito importante para meu crescimento, ela me completa. Ela caminha comigo nessa jornada, que é eletrizante na busca do autoconhecimento e da ALTA performance, e a torna leve. Junto com sua presença, vem também inteligência, lealdade, parceria, amizade, reciprocidade.

Ela tem vida e ideias próprias, mas também me alerta quando percebe que estou na "página" errada. Coloca um ponto de vista que eu não estava enxergando até então. Nunca aceita a primeira resposta, a primeira opinião. Aprofunda a conversa e me desafia a fazer e ser melhor.

MORRER VÁRIAS VEZES FAZ PARTE

Você queria fazer e ser melhor neste exato momento? Não morremos quando fracassamos. Morremos quando desistimos. Eu quero que essa mensagem toque seu gigantismo ou o de alguém que você conheça e que está passando por uma barra agora. Posso testemunhar que já morri SEIS vezes nessa vida.

A primeira foi quando perdi um campeonato de natação que estava em minhas mãos. Eu tinha 15 anos.

A segunda foi quando uma namorada me largou. Eu era absolutamente apaixonado por ela, mas "do nada" ouvi:

— Fui, Joel! — Eu tinha 19 anos. Aqui, a morte foi dolorosa demais.

A terceira foi quando a empresa que eu amava com todas as forças me demitiu, aos 28 anos. E nesse mesmo ano morri de novo, quando soube de um nódulo cancerígeno em minha garganta. Duplamente nocauteado. Parecia um golpe fatal.

A quinta aconteceu quando eu fali, perdi tudo que tinha e não tinha. Fiquei devendo 150 mil reais na praça. Nossa, me senti sendo enterrado vivo aos 29 anos.

A sexta foi quando meu pai faleceu. Morri junto com ele, aos 35 anos.

Como é possível morrer seis vezes e continuar vivo? É porque, de verdade, só morremos quando desistimos. NÃO DESISTA, CARA!

Se você estiver sofrendo agora, mude o plano, mas não mude o destino final, se for o que realmente você quer. Em vez de se vitimizar, pegue pesado com as coisas que está deixando de fazer. Pare com as atitudes medíocres que tem, sem "matar" quem é você e sua essência.

Para não diminuir seu gigantismo, não compare o palco de outras pessoas com seus bastidores. Pense com a própria cabeça, libertando-se da ilusão de perfeição e do medo ingênuo do que as pessoas vão pensar de você. Elas não vão pensar nada. E, se pensarem, não é problema seu.

Lembrete-bônus: é melhor evitar um problema do que sair dele.

Tome uma decisão irreversível e não volte mais atrás. Não pense mais nela. Aprenda a concluir as coisas em sua vida. Tudo isso vai torná-lo antifrágil, como eu me sinto depois ter enfrentado ao menos seis golpes absurdamente dolorosos dos 15 aos 35 anos.

A MELHOR VERSÃO DE NÓS MESMOS

A decisão dos vencedores é simples, porque tanto o Michael Phelps quanto o Usain Bolt e o Neymar optaram por fazer a única coisa que sabiam fazer melhor. Eles não perderam tempo fazendo outra coisa nem ficaram em dúvida entre várias escolhas.

Pode ser assim com você e comigo. Temos algo dentro de nós, em nosso comportamento e naquilo que fazemos, que é melhor do que tudo.

Muitas pessoas passam a vida inteira querendo ser aquilo que elas nunca serão. Eu mesmo admito ter tentado ser o Gustavo Borges. Você pode fazer a força que for, nunca será outra pessoa a não ser... VOCÊ MESMO.

Minha sobrinha, filha de minha irmã, quando completou 2 anos fez um vídeo em que dizia:

— Titio Joel, você tem de trabalhar para comprar presente para mim.

Eu pensei: *Tenho de melhorar algo em mim, para influenciar a Désirée de outra maneira.*

Aos 3 anos, ela já segurava um livro do qual fui coautor. Um ano depois, estava no lançamento de outro livro meu quando um amigo quis um autógrafo dela, e não o meu. Minha sobrinha mordeu a língua e fez um desenho na página. Ao final dessa noite memorável, ela disse à minha irmã:

— Mamãe, quero ser escritora como o titio Joel.

Olha a influência que eu estava exercendo! Assim como o Gustavo Borges influenciou minha vida. E não é que a Désirée lançou o primeiro livro dela em 2017, com apenas 5 anos? Na verdade, escreveu o primeiro capítulo de meu quarto livro. Segue um trecho:

"A minha vida é uma correria. Vou para a escola e chego à noite, às 18 horas. Comecei a ler um livro e vou terminar. São muito bons seus cursos, tio Joel. Meu pai está ficando doido. Cada vez que você dá um curso, muda a vida das pessoas. Eu pretendo fazer um curso seu. Mas ainda sou criança. Não vejo a hora de crescer. Fico muito feliz que você está se dando bem."

Isso é incrível! O que responder à minha sobrinha? Que ela teria de ser uma escritora como o tio dela? Eu cresci querendo ser o Gustavo Borges e não consegui. Meu nome é Joel; o dele, Gustavo. Eu tenho de fazer

> # Não morremos quando fracassamos. Morremos quando desistimos.

a pergunta certa para ter a resposta certa. E minha pergunta diante do desejo da Désirée foi:

— Quer ser uma escritora? Se quiser realmente, vai ser, mas não como o titio. Como VOCÊ. Vai se conhecer, se apaixonar e fazer aquilo que mais ama. Assim, estará muito mais perto de encontrar seu propósito e seu caminho de sucesso.

Quando minha sobrinha e qualquer outra pessoa descobrir exatamente o que tem de fazer, não ficará em dúvida entre várias escolhas. E não vai duvidar da decisão que tomar. Porque não existe nada mais importante e nada mais poderoso do que viver os próprios ideais.

CONCLUSÃO: LIBERDADE, PERFORMANCE E VIDA PLENA

210 ESTRATÉGIAS PARA SER LIVRE

211 TODO MUNDO PODE ALCANÇAR

212 A LINHA DE CHEGADA É MELHORAR SEMPRE

213 DO ESTADO ATUAL AO DESEJÁVEL

214 GRATIDÃO VERDADEIRA

216 O RESULTADO DISSO TUDO É MILAGRE

Criar uma ponte para alcançar a tão sonhada liberdade é o que acontecerá depois de você aplicar todos os passos do treino proposto neste livro. Para não ficar na subjetividade, recomendo desmembrar em cinco liberdades: geográfica, de tempo, de saúde, emocional e financeira. Eu alcancei tudo isso, e hoje só tenho a comemorar e agradecer!

Quando eu era molecão, alguns amigos que tocavam em bandas de rock não podiam viajar quando quisessem. Natal? Sem chance. Réveillon? Menos ainda. Por morarmos em uma cidade turística, a incidência de shows aumentava justamente quando o restante das pessoas aproveitava para brindar, relaxar e se divertir.

Eu pensava: *Nossa, nos melhores momentos, nos melhores feriados, esses amigos precisam trabalhar.* Isso me fez descobrir cedo que um dos meus principais valores é a liberdade. Todo o projeto de vida que construí preza isso. Principalmente a liberdade geográfica para poder viajar para qualquer lugar do planeta e em qualquer época do ano, podendo trabalhar e ganhar dinheiro de lá.

É por isso que, atualmente, meus conteúdos estão voltados à internet, para dar escala ao meu negócio na área de treinamentos e mentorias. Com isso, venho expandindo exponencialmente minha audiência, meus rendimentos com aulas e eventos e os convites para palestrar em várias cidades e países.

ESTRATÉGIAS PARA SER LIVRE

Além da geográfica, a segunda liberdade que procuro manter viva é a de tempo. Minha estratégia foi passar a vender soluções, serviços, presencial ou virtualmente, e não minhas horas, como era no tempo em que eu lecionava na faculdade de Educação Física e quando atuava como treinador de natação.

Quem ganha por hora trabalhada sabe que fica preso ao relógio. Já vender soluções tem maior valor agregado, favorecendo ganhar cada vez mais em menos tempo.

A terceira é a de saúde física, transformando o corpo num verdadeiro tanque de guerra. Para que meus dias sejam produtivos, é sagrado me exercitar, acordar cedo, dormir bem, me alimentar adequadamente. Não adianta ter as outras liberdades se estiver doente, cansado, sofrendo com dores.

Isso não é difícil para mim, pois fui e continuo sendo atleta. Coloquei o triatlo em minha rotina exatamente para me desafiar e trazer essa liberdade de saúde.

A quarta é a emocional. Eu aprendi que, quanto mais estudasse a mente e os comportamentos, mais liberdade teria. Por pelo menos quinze anos, fiz uma série de cursos sobre inteligência emocional e quase todas as formações naquilo que considero importante para elevar o autoconhecimento. Li a maioria dos livros sobre neurociência.

Tudo isso foi essencial para conseguir decidir, com minha própria cabeça e consciência, vencer uma dúvida para ter ALTA performance, trabalhar bem com a ansiedade e o medo. E tenho uma máxima: se for para errar, que seja pelas minhas convicções.

Por fim, a liberdade financeira é tudo de bom. Falando objetivamente, significa ter uma renda recorrente, fazendo com que a quantidade de dinheiro que entra em casa seja maior do que a que sai. Meu objetivo é nunca mais trabalhar por necessidade e subsistência, e sim por oportunidade e paixão, porque meus investimentos já trazem essa renda recorrente.

TODO MUNDO PODE ALCANÇAR

Tudo que faço em termos de performance é para ter esse projeto de vida, junto com a Larissa e nosso filho Jhony. E, antes que você pense "Caramba, só sendo Joel Moraes", aviso que todo mundo pode alcançar, mesmo partindo do zero, desde que elabore um plano e o concretize.

Sobretudo em relação às finanças, eu não entendia nada sobre o assunto. Li, estudei, conversei com experts e percebi que meu caminho para que o dinheiro trabalhasse para mim, sem que eu precisasse ficar correndo atrás dele, seria passar de assalariado a autônomo, depois empresário e, por fim, investidor.

Por que tantas pessoas leem, ouvem sobre educação financeira e não aplicam esse conhecimento? Sabe o que faço com o que pode me limitar? Eu tiro da frente. Eu arranco pela raiz.

Liberdade não é um direito. É uma conquista. Eu sempre quis ganhar muito dinheiro, ter prosperidade. E acho saudável que as pessoas também tenham essa gana. Até que aprendi com o Thiago Nigro, do canal *O primo rico*, a diferença entre ganhar muito dinheiro e ficar rico, pois no segundo caso a última linha da planilha em Excel mostra o que interessa: o lucro, depois que você abateu os gastos.

Ok, sempre dependeremos de dinheiro para viver. Por isso, Nigro recomenda trabalhar com três pilares básicos do enriquecimento: ganhar mais, gastar menos, investir melhor. Quem quer dá um jeito. Quem não quer dá uma desculpa.

Depois de várias conversas com esse milionário aos 26 anos (a maioria está disponível na internet), minha cabeça mudou. Minha perspectiva também. A decisão de ficar rico não é só por causa do dinheiro. A liberdade aparece na frente. Para tomar decisões, como a de trabalhar por paixão, e não por necessidade e obrigação.

A LINHA DE CHEGADA É MELHORAR SEMPRE

Eu me considero um cara jovem e já estou vivendo essas cinco liberdades. Elas só existem quando há ALTA performance. E qual é a linha de chegada? Carrego desde meu tempo de atleta a concepção do sucesso como melhoria contínua, que é prosperar.

Meu pai tinha o costume de me perguntar:

— e aí, filho, como você nadou?

— Ganhei a prova.

— Bacana. E qual foi seu tempo?

Na natação, você é medido pelo tempo, pelo cronômetro. Então, quando eu baixava o tempo, mesmo que chegasse em quarto lugar, comemorávamos mais. Era assim todas as vezes que eu focava a AUTOperformance, melhorando um pouquinho a cada treino e competição.

> **Liberdade não é um direito. É uma conquista.**

— Parabéns, filho, você treinou, foi competitivo, melhorou sua marca.

Independentemente de a pessoa estar dando um baita de um resultado ou não, ela sempre deve buscar uma melhoria contínua. Até hoje sigo em busca do

CONCLUSÃO: LIBERDADE, PERFORMANCE E VIDA PLENA

progresso sem fim de me desenvolver, de aprimorar minhas habilidades, meus conhecimentos.

E assim também contribuo para melhorar um pouquinho o outro.

DO ESTADO ATUAL AO DESEJÁVEL

Agora que estamos chegando ao fim deste livro, sugiro que você faça um exercício simples: crie duas listas paralelas. De um lado, coloque seu estado atual e do outro o desejável quanto aos cinco tipos de liberdade. Vai ser útil para traçar suas estratégias de melhoria.

Poucos anos atrás, eu fazia *lives* para catorze pessoas, cursos para onze participantes. Hoje, ambos lotam, e as pessoas me param na rua para agradecer e fazermos *selfies*. Foi sorte ou aconteceu do dia para a noite? Claro que não.

Mas sempre prezei vínculos humanos. Nunca deixei de conversar com cada pessoa, atender, abraçar, chorar, rir e me divertir. Todos os dias eu repito: "Joel, não se esqueça de onde você veio". Eu vim de baixo, sou do esporte, fui professor e aprendi com meus pais que "pessoas precisam de pessoas".

Parece-me estranho, mas muitos dos influenciadores, com milhões de seguidores, não gostam de pessoas. Eu amo as pessoas, gosto da "mu-vuca" saudável, do abraço, do bom papo. Obrigado a todos que fazem essa família crescer diariamente.

Sou um cara comum, estudioso, disciplinado e defensor da premissa de que o sucesso é treinável. Meu amigo Mano Brown fecharia: "Eu sou apenas um rapaz latino-americano, apoiado por mais de 50 mil manos".

Eu quero escrever livros, fazer *lives*, palestras, bate-papos que ajudem as pessoas a tirar o foco dos outros e trazer para si mesmas. Que minhas palavras e, principalmente, meus exemplos as iluminem a decidir e con-seguir melhorar, vencer seus obstáculos internos, ir para um ambiente que trabalhe a favor de seu objetivo de vida.

Tem de ser uma jornada incrível para um destino maravilhoso. Nossa missão é contribuir para um mundo melhor. Nossa obrigação é colocar nossos talentos para servir ao outro. Nosso foco deve estar em contribuir e agregar. Só assim conseguiremos tirar do mundo o melhor que ele tem a nos oferecer.

O projeto #DNAJOELJOTA, meu canal Academia de Campeões, o seminário *A hora H*, os leitores de meus livros tornam-se uma família que cresce. Família não é só a de sangue, mas também a que escolhemos, com quem vamos criando vínculos pessoais e de trabalho, fazendo laços duradouros, criando projetos inovadores para melhorar a vida das pessoas, montando redes de apoio e incentivo.

A vida é plena quando dedicamos tudo o que aprendemos, transformamos, conquistamos as pessoas. É quando pegamos o amor que está dentro de nós e servimos ao outro, transferimos – jamais quando guardamos. Vida plena é família.

Todos os dias compartilho na internet as atitudes diárias que foram decisivas em minha vida: meu hábito de acordar às 5 horas da manhã, me exercitar, meditar, contribuir com o próximo, ler, me nutrir e vencer todos os meus medos por meio de minha mente e minhas atitudes. Desde quando decidi fazer isso COM as pessoas, e não para as pessoas, os resultados têm me deixado cada vez mais honrado, emocionado e feliz.

GRATIDÃO VERDADEIRA

Tenho um assunto muito íntimo para tocar nesta conclusão. É sobre Deus. Eu cresci ouvindo meus pais falarem dEle. Desde os 13 anos, rezava o pai-nosso todas as noites, antes de dormir. E, antes de competir, fazia o sinal da cruz. Fui batizado, mas não frequentei a igreja até meus 30 e poucos anos.

Quando comecei a estudar muito, ler muito, passei a alimentar dúvidas. Encontrei muitas pessoas que não pensavam sobre as relações humanas, a criação do mundo, os acontecimentos bons e ruins, debitando absolutamente tudo na "conta" de Deus.

Várias "terceirizavam" seus problemas, acomodando-se. O filho foi mal na prova? "Deus não quis que tirasse 10." O pai falhou e foi demitido do

CONCLUSÃO: LIBERDADE, PERFORMANCE E VIDA PLENA

emprego? "Deus vai achar outra oportunidade melhor." Admito que estava incomodado com essa alienação.

Quando meu pai morreu, sofri bastante e parei de conversar com Deus. Até que voltei a fazer exercícios na praia, especialmente correr, e Deus começou a conversar comigo de uma maneira especial. Ele penetrou em todas as células de meu corpo, invadindo com a luz do sol, a água salgada do mar…

Hoje, estamos 100% reconectados. Eu reconheço publicamente que tudo o que vem

> **Família não é só a de sangue, mas também a que escolhemos, com quem vamos criando vínculos pessoais.**

acontecendo em minha vida tem a energia boa dessa força maior. Já li tantos livros, mas (ainda) não a Bíblia. No entanto, mais de 100 pessoas já comentaram que "isso que você acabou de falar está na Bíblia" e "isso que você faz está na Bíblia".

Não sigo uma religião, mas tenho uma relação com a espiritualidade tão positiva! Como moro no litoral paulista, Deus me dá um presentão, que é o Sol, a praia, o barulho das ondas… Se tudo isso não é Deus, o que é? Só que, da janela, não dá para usufruir desse presentão. Eu preciso ir até a praia, naquele horário em que há sol. Ali, eu agradeço.

Tenho gratidão por cada dia que começa, pela oportunidade de estar vivo. As pessoas que cultivam sua espiritualidade sentem diferença em seus resultados, como senti nos meus. Essa conexão divina trouxe muita prosperidade à minha casa, à minha família, à minha vida.

Eu agradeço as minhas conquistas e também as derrotas, pois forjaram quem eu sou. Eu agradeço por absolutamente tudo e sugiro que as pessoas olhem com menos julgamento para seus fracassos, pensando que "já passou"!

Enquanto tem gente que só pede, eu agradeço. E, quanto mais agradeço, mais tenho sucesso, reconhecimento, recompensas, alegrias. E se você, em algum momento, ficou de mal com Deus ou foi cético, eu compreendo. Mas o que eu sinto hoje, quando estou às 5 da matina na praia, mostra que vale a pena uma reconexão.

Eu faço a minha parte; Deus faz a dEle. No fundo, todos nós queremos que nossa passagem por este mundo ajude a torná-lo melhor com nossas habilidades, sinceridade, atitudes, exemplos. Se isso não é Deus, o que é?

O RESULTADO DISSO TUDO É MILAGRE

Parece uma palavra tão distante para alguns. Para mim, milagre é o que acontece todos os dias. E, quando você se reconhece, se aceita, ajuda os outros, faz algo que realmente transcende. Se para para pensar, vive um milagre seguido de outro.

Alguns anos atrás eu estava "quebrado" financeiramente, devedor. Já paguei minhas dívidas e hoje sou um empresário e investidor. São milagres que eu mesmo fiz. Pessoas me ajudaram, é claro. Deus estava comigo esse tempo todo.

Milagre é possível. Está aí para todo mundo. Vá buscar o seu.

AGRADEÇO ESPECIALMENTE AOS MEUS SEGUIDORES...

A.C. Félix; Adaías Jéfter; Adauto Alves de Oliveira; Adda Cataldo; Adeilson Horti Super; Adelle Evans; Ademar Silva; Ademir Gomes; Adeval Bispo; Adilso Souza; Adilson Oliveira; Adriana Abegão; Adriana Almeida; Adriana Alves; Adriana Batista; Adriana Carmona Carneiro; Adriana Crevelari; Adriana de Freitas Santos; Adriana Eboli; Adriana Fabielli; Adriana Fagundes; Adriana Forjaz; Adriana Grasseschi; Adriana Lima; Adriana Maestrello; Adriana Marques Campanati; Adriana Oliveira; Adriana Parolis; Adriana R. Rodrigues; Adriana Rosa; Adriana Rosenhaim; Adriana Rudnick; Adriana Santos; Adriana Silva; Adriana Silva Dias; Adriana Sinhoreti; Adriana Souza; Adriana Veloso; Adriana Welter; Adriane Pinhate; Adriane Resende; Adriani Coelho; Adriano Alves; Adriano Carvalho; Adriano Jeymison; Adriano Jordan; Adriano Lima; Adriano Maran; Adriano Primo; Adriano Stefanin; Adriel Cristiano Momberg; Adriel Medeiros; Adriele Almeida; Adriely dos Santos Folle; Afonso Andrade; Agatha Silva; Agizl e Angela Acioli; Aglaylson Ferreira de Sousa; Agnaldo Filho; Agustina Videla; Ailson Oliveira; Ailton Júnior; Aimberê Elorza; Aimée Souza; Ajefeson Pólux; Akássia Rodrigues; Ákilla Costa; Akira Nishimura; Alan de Paula Ribeiro; Alan Linhares; Alan Miranda; Alan Richard; Alana Almeida; Alana Alves; Alana Dotto; Alane Ribeiro; Alba Valéria Barros Torres; Albani Azevedo; Alberto Costa; Alberto e Talissa Monteiro; Alberto Felipe de Oliveira Freire; Alberto Freire; Alberto Vieira; Alcione Lima; Alda Aparecida Couto Costa de Faria; Aldete Veloso; Alê Gomes; Alenuska Teixeira Nunes; Alessa Silva; Alessandra Azevedo; Alessandra Barros; Alessandra Bussador; Alessandra Carvalho; Alessandra da Silva Couto; Alessandra de Santo; Alessandra Dias; Alessandra Estevam; Alessandra Freitas dos Santos Milani; Alessandra Garcez; Alessandra Goll Coreluk; Alessandra Lopes; Alessandra Macedo; Alessandra Maria de Jesus; Alessandra Meira; Alessandra Petraglia; Alessandra Prates; Alessandra Roque; Alessandra S. de Oliveira Nomura; Alessandro Borges; Alessandro Costa de Barros; Alessandro Fernandes; Alessandro Hayashi; Alessandro Leão; Alessandro Machado; Alessandro Marinho dos Santos; Alessandro Souza; Alessandro Zacarias; Alethéa Cabral; Alex Andrade; Alex Araújo; Alex Barbosa; Alex C. Delgado; Alex Júnior; Alex Princival; Alex Reis; Alex Souza Leite; Alexander Jacob Monteiro; Alexandra Christine; Alexandra Polliny Bezerra Cardoso; Alexandra Roschel; Alexandra Souza; Alexandra Tasca; Alexandre Andrade; Alexandre Araújo; Alexandre Castro; Alexandre Costa; Alexandre de Queiroz; Alexandre Gonçalves da Silva Mendes; Alexandre Holanda; Alexandre Macedo; Alexandre Morais Nogueira; Alexandre Moreira dos Santos; Alexey Koba; Alexsander Santos; Alexsandra Pimenta; Alexsandro Araújo; Alfredo Galebe; Alfredo Villela de Souza; Aliati Santos; Alice Amaral; Alice Francisco; Alice Rudnick; Alice Santana de Souza Neta; Alice Sousa; Álida Buzzo; Aline Adriano; Aline Aguiar; Aline Approbato; Aline Aquino; Aline Azambuja; Aline Benevides; Aline Cancela; Aline Caren Berselli; Aline Carvalho; Aline Cecconello; Aline Costa; Aline Danielle; Aline de Oliveira Aline Dias; Aline dos Santos Oliveira; Aline Eiko Kimura Accioly de Alcantara; Aline Ernesta; Aline Fresinghelli; Aline Gabrielle; Aline Gandra; Aline Garcia; Aline Kiyoshima; Aline Lelis; Aline Lemos; Aline Lima; Aline Machado; Aline Marques; Aline Martins; Aline Mendes; Aline Mikulis; Aline Mota; Aline Nina; Aline Nunes; Aline Pacheco; Aline Pessoa; Aline Pierrobom; Aline Piffer; Aline Postal; Aline Queiróz; Aline Rabelo; Aline Ramos Canamari Lima; Aline Rudnick; Aline Sá; Aline Salek; Aline Santos; Aline Sgobi; Aline Sigolo; Aline Silverol; Aline Teles; Aline Vicente; Aline Vieira; Aline Vigilato; Aline Wiese; Aline Zanzarini; Aliny Alves Albuquerque; Alison Campos; Alisson Oliveira; Alisson Reis; Allan Meneghim; Allan Rett; Allayny Layana; Allex Omena; Allyne Oliveira; Amélia Sampaio; Amiele Neves; Ana Almeida; Ana Ancine; Ana Angélica Pessanha de Souza Chagas; Ana Batista; Ana Beatriz Facholi; Ana Borba; Ana Borges; Ana Caetano; Ana Canova; Ana Carla; Ana Carla Nepomuceno Lage Cortez; Ana Carla Santos; Ana Carolina; Ana Carolina Alves Garcia da Silva; Ana Carolina Carrillo da Patria; Ana Carolina Rosa; Ana Carolina Souza; Ana Carrilho; Ana Carvalho; Ana Ceolin; Ana Clara Figueiredo; Ana Cláudia Carvalho; Ana Claudia dos Santos; Ana Cláudia Pescuma de Lima; Ana Cristina Cesar da Silva; Ana Cristina M. Lages; Ana Cristina Xavier; Ana Cunha; Ana de Lourdes de Souza Oliveira; Ana Escarso; Ana Falconi; Ana Faria; Ana Farias; Ana Flávia; Ana Flávia Cunha Gonçalves; Ana Flávia de Queiroz; Ana Flávia Fidelis; Ana Freitas; Ana Gandara; Ana Garcia; Ana Góes; Ana Gomes; Ana Guimarães; Ana Hamacek; Ana Herrero; Ana Kely de Almeida; Ana Késsia; Ana Lourenção; Ana Lúcia A. de Souza Lima; Ana Lúcia Pirath; Ana Lucia Ribeiro Fernandes; Ana Lúcia Siqueira; Ana Lúcia Souza Lima; Ana Luisa Dias; Ana Luísa Martins Maia; Ana Luisa Silva; Ana Luiza Fávaro Piedade; Ana Luiza Lopes; Ana Luiza Sousa; Ana Luna; Ana Maia; Ana Maria Ramos dos Santos; Ana Martins; Ana Melo; Ana Monteiro; Ana Morais; Ana Mota; Ana Moura; Ana Munhoz; Ana Nicola; Ana Passos; Ana Patrícia Aroxa; Ana Paula Nakamura; Ana Paula Pereira; Ana Paula Silva; Ana Reino; Ana Ribeiro; Ana Rocha; Ana Sanossian; Ana Santana; Ana Santos; Ana Saraiva; Ana Silva; Ana Soares; Ana Souza; Ana Uechi; Ana Ventorim; Ana Vilela; Ana Ximendes; Anadores Alvares; Anália Santos; Ananda Reis; Anap Lucci; Anderson Alves; Anderson de Oliveira Santos; Anderson Garcia; Anderson Júnior; Anderson Lizardo; Anderson Santos; Anderson Umbelino da Silva; Andissa Begiato; André Alves; André Antoniazzi; André Barreiros; André Bronholi; André Castro; André Costa; André Dandolini; André Filho; André Guerra; André Luis Possa; André Luiz Morello; André Luna; André Marinho; André Marques; André Metz; André Miguel Escobar Morales; André Mota; André Oliveira; André Pacheco; André Santana; Andre Siqueira; André Soares; André Tini; André Vidotto; Andréa Albuquerque; Andréa Aurea; Andréa Casarin; Andréa Cerqueira; Andréa Costa Rego; Andréa Frade; Andréa Germano; Andréa Gomes; Andrea Guariglia; Andréa Luz; Andréa Pena Dias; Andrea Portella; Andréa Rodrigues; Andréa Souza; Andréa Zanoni; Andrei Reichert; Andreia Costa; Andreia de Oliveira Barbosa; Andreia Fusieger; Andreia Kelly de Barros Lima; Andreia Lopes; Andreia Marafon; Andreia Modesto; Andreia Rodrigues; Andreia Sakumoto; Andreia Valério; Andreia F. Lima; Andrelino Ribeiro de Sousa; Andresa Oliveira; Andressa Pereira; Andressa Beatriz; Andressa Bezerra; Andressa C Passigatti Ahnert; Andressa C Passigatti Ahnert; Andressa Ferrara; Andressa Goltzman; Andressa Hermann; Andressa Lima; Andressa Nicolau; Andressa Resende; Andressa Ruthellen; Andressa Soares; Andressa Sou; Andressa V. Poli; Andressa G. Ferrara; Andrew Guímel; Andreza Araújo; Andreza Kaline; Andreza Oliveira; Andreza Procoro; Andreza Rosada; Andreza Santana; Andreza Santos; Andrezza Marinho Figueiredo de Carvalho; Andriza Decio; Anelise Drebes; Anete Seki; Angela Alencar; Ângela Brandão; Angela Ciocca; Angela Ciocca; Ângela Dossa; Ângela M. de F. Rodrigues Andrade; Ângela Morceli; Ângela Silva; Angele de Oliveira; Angelia Tavares; Angélica Bispo; Angélica Cezar; Angélica Christini Damasceno Hoffmam Lahas; Angélica Fonseca; Angélica Giovanholi; Angélica Gomes; Angélica Martins; Angélica Medeiros; Angélica Reis; Angélica Santos; Angélica Vezaro; Angelita Logerfo; Ângelo Miguel; Aninha Sanchez; Anna Bezerra; Anna Bortolacci; Anna Cirino; Anna Couto; Anna Marcos;

Anna Medeiros; Anna Mendes; Anna Steffen; Anne Alcoforado; Anne Caroline Dias dos Reis; Anne Francis; Anne Sandra Cândido Andrade; Annette Riveros; Anny Feliciano; Anny Kelly; Anny Queiroz; André Nascimento; Antônia Lorena Gonçalves Cavalcante; Antônio Aparecido Lopes; Antonio Campos; Antonio Carlos de Lara Fortes; Antônio Cruz; Antônio Fernando Machado; Antônio Machado; Antonio Matos; Antônio Neto; Antônio Nogarotto; Antonio Pedro Ferreira; Aparecida Mamede; Aparecida Veiga; Apoline Rocha; Áquila Stein; Araxá; Arcyleu Júnior; Aretusa Holanda; Ariadna Fialho; Ariadne Santos; Ariadny Fischer; Ariane Araújo; Ariane Dias; Ariane Juliana de Almeida Coelho; Ariane Santos; Ariane Silva; Ariane Winng; Ariel Menino; Arieli Silva; Arimaza Contarini Soares; Armando Macedo; Arquige; Arthur de Andrade Lima; Arthur Gabriel Rodrigues; Arthur Gabriel Vilas Boas; Arthur Lanzoni; Arthur Netto; Arthur Oliveira; Artur Hashimoto Inoue; Aryelle Souza; Athos 7Digits; Auditor Francisco; Augusto Pereira; Aureliano Miguel; Aurélio Rocha; Bárbara Barbosa; Bárbara Bonifácio; Bárbara da Silveira Carmona; Bárbara Hütter; Bárbara Miranda Ribeiro Mota; Bárbara Pallu; Bárbara Raia; Bárbara Tanaka; Bárbara Toni; Bárbara Torres; Beatriz Almeida Moreira Cavadas GuimarÃes; Beatriz Alves; Beatriz Araújo; Beatriz Asato; Beatriz Batista Oliveira; Beatriz de Sá; Beatriz dos Santos; Beatriz Geres; Beatriz Mafra; Beatriz Rosseto; Beatriz Santos; Beatriz Savioli; Beatriz Soares; Benedito Porto; Bernadete Amador; Bernadete Maria de Souza Carmo; Bernard Cunha Rodrigues; Beta Santana; Betânia Lopes; Beth Souza; Beth Souza; Bethania Armani; Bethina Mota; Betholve Alves; Betuel Danilo; Bia Alencar; Bia Felix; Bia Melo; Bianca Boucault; Bianca Cavalcante; Bianca David; Bianca Duarte Mesquita; Bianca Germano Bastos; Bianca Lins; Bianca Machado; Bianca Matos; Bianca Medeiros; Bianca Nobrega; Bianca Sobral; Bianca Souza; Bianca Teles; Bianka Fernandes; Biba Bortolosso; Borboleta Vitoriosa; Brena Chacon; Brenda Ornelas; Brenda Paiva; Brenda Rufino; Brícia Fernandes; Bruna; Bruna A. Guio; Bruna Abry; Bruna Almeida; Bruna Alves; Bruna Amaral; Bruna Andrade; Bruna Araújo; Bruna Badaró; Bruna Barros; Bruna Brückheimer; Bruna Campos; Bruna Cardoso; Bruna Carolina de Toledo; Bruna Conte; Bruna Costa; Bruna Faria; Bruna Garcia Antonson; Bruna Karine Damer; Bruna Lacerda; Bruna Lorena; Bruna Luiza Alves França de Castro; Bruna Luko; Bruna Machado; Bruna Marchant; Bruna Maria do Prado; Bruna Mariano; Bruna Martins; Bruna Moreira; Bruna Neves de Melo; Bruna Nobre; Bruna Oliveira; Bruna Ribeiro; Bruna Rozalem; Bruna Sibon; Bruna Souza; Bruna Trindade; Bruna Vecchi; Bruna Xavier; Brunela Botelho; Brunna Novais Andrade; Brunnela Costa Rangel; Bruno Ahnert; Bruno Andre; Bruno Araújo; Bruno Bomfim; Bruno Conceição; Bruno Conte; Bruno Cunha; Bruno Dalpaz; Bruno Escalante; Bruno Fernandes; Bruno Ferreira Santos; Bruno Flores; Bruno Honorato; Bruno Lisboa; Bruno Martinucci; Bruno Matheus; Bruno Menck; Bruno Navarro; Bruno Papito; Bruno Rodrigues; Bruno Rossi; Bruno Selinger; Bruno Silveira; Bruno Souza; Bruno Spinola; Bruno Teixeira; Byanca Rodrigues; Cacá Limoli; Cadu Lazarini; Cadu Oliveira; Caio Biasini Sales; Caio Borba; Caio Botelho; Caio Carbonaro; Caio Galvão; Caio Matos; Caio Melo; Caio Sergio M Ferreira; Caio Taddeo; Caio Zagoto; Caíque Jlove; Camila Abdul; Camila Alves; Camila Azevedo; Camila Barbone; Camila Barbosa Carvalho do Nascimento; Camila Batista Pilz; Camila Betini; Camila Billalba; Camila Bononi; Camila Capua; Camila Corrêa; Camila Correia; Camila Costa; Camila Costa Marques; Camila da Rosa; Camila Di Cordeiro; Camila dos Anjos; Camila Fillipiaki; Camila Garrotte; Camila Geremias; Camila Giaretton; Camila Gonçalves; Camila Grandi; Camila Guerra; Camila Hawryszko; Camila Lamblet; Camila Leite; Camila Luz; Camila Macias; Camila Magalhães; Camila Maranhão; Camila Martins; Camila Moreira; Camila Mota de Souza; Camila Navarro; Camila Nunes; Camila Oliveira; Camila Oliveira da Silva; Camila Padovan; Camila Público; Camila Renzo; Camila Rezende Ramos; Camila Ribeiro; Camila Rosário Cendon Gil Oliveira; Camila Santana; Camila Santos; Camila Souza; Camila Tormente; Camila Vasconcelos; Camila Vieira; Camilla Bertolin; Camilla Fermiano; Camilla P. Rocha; Camille Freitas; Camille Gomes; Camone Zanghelini; Candila Raris; Carina Araújo; Carina Giacomini; Carina Magnus; Carina Mariana; Carina Pessotto; Carina Ramos; Carina Soares; Carina Suzano; Carine Barreto; Carine Gottardo; Carla Barros; Carla BelfSsimo; Carla Bento; Carla Bing; Carla Caroline; Carla Cibelli; Carla Cibelli; Carla Evoque; Carla Ferreira; Carla França; Carla Le Gentil; Carla Leite; Carla Mignone; Carla Moraes; Carla Nogueira; Carla Padoan; Carla Petri; Carla Pinto; Carla Teles Vaz; Carla Wronski; Carlinhos Muniz; Carlos Alberto D. Júnior; Carlos André; Carlos Ângelo Júnior (Sasá); Carlos Arruda; Carlos Ceolato; Carlos Duarte; Carlos Henrique de Lima; Carlos Lopes; Carlos Rabelo; Carlos Rener Pontes Duarte; Carlos San Juan; Carlos Silva; Carlos Sotero; Carlos Teixeira; Carlos Victor Santos Soares; Carmem Lúcia Januário; Carmem Medeiros; Carmen Cantanhêde; Carminha Samora; Carol Amada; Carol Araújo; Carol Basali; Carol Bastos; Carol Bocuzzi; Carol Coelho; Carol Coelho; Carol Coimbra; Carol Crepaldi; Carol Freire; Carol Ibrahim; Carol Marinho; Carol Oliveira; Carol Queiroz; Carol Rocha; Carol Souza; Carol Zonato; Carolina Albamonte; Carolina Alves; Carolina Andolfato; Carolina Ângelo; Carolina Baia Vieira; Carolina Botani Góes; Carolina Camargo; Carolina Cavalcante; Carolina Filus; Carolina Fischer; Carolina Franco; Carolina Freitas; Carolina G. Prado Suarte; Carolina Galvão; Carolina Helena P. Nascimento; Carolina Henriques; Carolina Hillmann; Carolina Louise Seabra; Carolina Marçal; Carolina Montenegro; Carolina Nerys; Carolina Novaes; Carolina Oliveira; Carolina Romão; Carolina Rosa; Carolina Santos; Carolina Sanufer; Carolina Saraiva Tameirão; Carolina Sessa; Carolina Souto; Carolina Symanowicz da Silva; Carolina Tedesco; Carolina Viana; Carolina Adorne; Carolina Amaral; Caroline Antunes; Caroline Baumgarten; Caroline Bertotto; Caroline Carrion; Caroline Cunha; Caroline Floriani; Caroline Franco; Caroline Gandara; Caroline Iritsu; Caroline Karnikowski; Caroline Macari; Caroline Markus; Caroline Mellin; Caroline Salgado; Caroline Severo; Caroline Sier; Caroline Varella; Caroline Vieira da Silva; Cássia Renata; Cássia Rosa; Cássia Zonato; Cassiany Gomes; Cássis Back; Cássio Borba; Cássio Figueredo; Cássio Meneses; Catarina Soares; Catarine Rodrigues; Caterine Pereira Cabral; Cáthia Ribeiro; Catia Amorim Nonaka; Cátia Coneglian; Catrine Gonçalves; Cauê Freitas; Cauê Matsumoto; Cecília Castro; Cecília Lima; Cecilia Oliveira; Cecília Rios dos Reis Freitas; Céfara Morães; Célia Cruz; Célia Milhomem; Célia Regina P. Dantas; Celia Silva; Célia Takano; Célio Matos; Celma Regina Grandi; Celso Aoki; Celso Camargo de Siqueira Júnior; Cêmia Cipriano; César Fernandes; César Meneguini; César Silva; Cezira Campos; Chaiana de Lucca; Charilma Silva; Charlaine Nogueira; Charlene Crispim; Charlene Piagtti; Charles e Joseane; Charlote Afonso; Cheila Zillmer; Christian Dallabona; Christian Santos; Christiane Aracema; Christiane Barroso; Christianne Cordeiro; Chriz Marquez; Cibele Elisa; Cibele Latrônico; Cibele Simoni; Cícera Araújo; Cícero Kutchi; Cinara Nagel; Cinthia Andrade; Cíntia Craveiro; Cíntia Ferreira; Cíntia Oliveira; Cíntia Pimenta; Cíntia Rebello; Cíntia Rebelo; Cíntia Ribeiro; Cíntia Tolentino; Ciro Freitas; Clara Lima; Clara Nunes; Clarice Gonçalves; Clarice Marques; Clarisse Victor; Claudelina Porto; Claudemiro Aleixo; Claudete Livinalli; Claudete Saraiva; Claudia Bessa; Cláudia Celidonio; Cláudia Cerqueira; Cláudia de La Fuente; Cláudia de Souza; Cláudia Figueiredo de Lima; Cláudia Goulart; Cláudia Jardim; Cláudia Lima; Cláudia Lira; Cláudia Marin; Cláudia Oliveira; Cláudia Palma; Cláudia Parise; Cláudia Roberta; Cláudia Secco; Cláudia Silva; Cláudia Stocco; Claudineia Rezende; Cláudio Feliciano; Cláudio Gonçalves; Cláudio Honório; Cláudio Silva; Clayton Thomazelli; Cleber Machado; Cleber Nascimento; Cleberton Honey; Clêh Alves; Cleide Magalhães; Cleide Olkoski Ferrari; Cleide Salgado; Cleilson Santos; Cleilton dos Santos; Cleiton Barbosa; Cleiton Boschetti; Clélia Lúcia de Oliveira; ClÉO Coelho; Cleodon Júnior; Cleonice Kumpel; Clerice Santana; Clevanice Moreira Norte; Clewerson Pereira; Cley Júlio; Clio Jr.; Clodoaldo Gomes; Clyvia Nyeddja; Conceição Santos; Conrado Britto; Creonice Honório; Cris Amaro; Cris Baracy; Cris Baron; Cris Viana; Crisliane Vansuita; Cristhian Alves; Cristiana Arruda; Cristiana Miranda; Cristiana Saraiva; Cristiane Cavalcanti; Cristiane Ceolato; Cristiane Dalcanale; Cristiane de Souza; Cristiane Freitas; Cristiane Guimarães; Cristiane Lira; Cristiane Lopes; Cristiane Melo; Cristiane Mirza; Cristiane Nobre; Cristiane Paschoali Vidovix; Cristiane Rhoden; Cristiane Sarmento; Cristiane Soares de Sousa; Cristiane Valin Machado; Cristiani Lopes; Cristianne Samezima; Cristiano Cruz; Cristiano de Lima; Cristiano Lopesds; Cristiano Reis; Cristiano Soares; Cristiellem Rufino; Cristina Borges; Cristina Callamari; Cristina Cruz; Cristina Kelly de Araújo; Cristina Landim; Cristina Morais; Cristina Nunes; Cristina Raquel de Sousa Silva; Cristina Rocha; Cristina Silva; Cristina Torres; Crystiane Cavalcante; Cybelle Holanda; Cynara Rodrigues Santos; Cynthia Barros; Cynthia Campos; Cynthia Fernandes; Cynthia Higa; Cynthia Pinheiro; Daddy Mendes; Dady Pinheiro; Dafne Arenas; Daiana Abreu; Daiana Alves; Daiana Oliveira; Daiane Carolina da Silva Lopes Arcanjo; Daiane Cunha; Daiane Lopes; Daiane Métheler; Daiane Reis; Daiane Rodrigues; Daiany Antunes; Daíse Ferreira Valente; Daisy Dallano; Daisy Simonne; Daiza Callisaya; Daliene Silveira; Damaris Marinho; Damiana Silva; Dani Assis; Dani Figueirôa; Dânia Almeida; Daniel Almeida; Daniel Bezerra; Daniel Costa; Daniel Dalmaso; Daniel Fernandes; Daniel Ferreira; Daniel Freitas; Daniel Froes; Daniel InÁcio; Daniel Indiano; Daniel Lupoli; Daniel Luz; Daniel Navarro; Daniel Oliveira; Daniel Palin; Daniel Perez; Daniel Pontes; Daniel Rodovalho; Daniel Sbampato; Daniel Silva; Daniel Zaballa; Daniela Arruda; Daniela Barreto; Daniela Brandt; Daniela Campos; Daniela Carvalho; Daniela Cavalheiro; Daniela Chaves; Daniela Cheregatti; Daniela Costa; Daniela Cunha; Daniela Freitas; Daniela Leal; Daniela Leonel; Daniela Mascarello; Daniela Militão; Daniela M. Silva; Daniela Oliveira; Daniela Pedroso; Daniela Pestana; Daniela Tavares; Daniela Teixeira; Daniela Toledo; Daniela Toniatti;

Daniela Tucilio; Daniela Viotto; Daniele Arfux; Daniele Borges; Daniele Bruno; Daniele Confessor; Daniele Ferreira; Daniele Galindo; Daniele Natali; Daniele Reis; Daniele Schelles; Daniele Teixeira; Danieli C. Leite; Daniella Lima; Daniella Lopes; Daniella Luz; Daniella Messias Lamouche; Danielle Avalos; Danielle Dias; Danielle Ferreira; Danielle Machado da Silveira; Danielle Mourão; Danielle Muniz; Danielle Priscila; Danielle Sena; Danielle Sidrim; Danielle Zambotto; Danielly Correia; Danielly Paiva de Araújo; Daniely Araújo; Danila Paula; Danillo Caetano; Danilo Chagas; Danilo Chagas; Danilo Chausson; Danilo de Oliveira; Danilo Esposto; Danilo Hashinaga; Danilo Hernandes; Danilo Natalini; Danilo Piza; Danilo Reis; Danilo Urbieta; Danúbia Rodrigues; Daphne Lopes; Darlan Lucas; Darlana Godói; Darlene Rabello; Darlene Soares; Davi Gomes; Davi Lopes; Davi Pereira; David Amorim; David Crepaldi; David Lima; David Ribeiro; David Silveira; Dayana Alcântara; Dayane Adle Siqueira; Dayane Andrade; Dayane Delfino; Dayane Patrocínio; Dayanne Pereira; Dayany Barcelos; Dayne Ívida Florentino Gomes; Dayra Guerra; Dayse Almeida; Dayse Braga; Dayvidson Almeida; Débora Almeida; Débora Alves; Débora Aranha; Débora Brazil Silva; Débora D'Ávila; Débora F. S. Costa; Débora Faturi; Débora Freitas; Débora Gonzaga; Débora Jayne; Débora Laurenti; Débora Mariz; Débora Nascimento Centi; Débora Pinto; Débora Rodrigues; Débora Rosa Pereira; Débora Santana; Débora Santos; Débora Seidel; Débora Tonelo; Débora Tumelero; Débora Valadares Lima; Débora Vidda; Déborah Aquino; Déborah Buischi de Soveral; Déborah Fantini de Alencar; Déborah Vox; Décio Schmidt; Déia Souza; Deila Souza; Deise Kanashiro; Deise Luft; Deiseane Borges; Deividi Schumacher; Deivison Cardoso Silva; Dener Portela; Dênia Ferr; Denilson Lucena; Denis Brito; Denis Kazuo; Denis Martins; Denis R. Macêdo; Denis R. Nascimento; Denis Russel; Denise Aguiar; Denise de Carli; Denise Dias; Denise Fernandes; Denise Montipó; Denise Pazin; Denise Redmerski; Denise Sabotto; Denise Trefiglio Martins; Dennis Albert; Deoclécio Júnior; Derick Tedesco; Derick Tineu Maldonado; Derilany ApolinÁRio; Desirée Castro; Desirée Marcílio; Deyse Lima; Deyvit Willian; Dhebora Chaar; Dheyne Ghisolfi; Dhiellen J. Leal Botelho; Diana Bertolla; Diana Cabral; Diana Oliveira; Diane Ribeiro; Diciane Paiva Alves; Diego Augusto; Diego Diniz Barros; Diego dos Santos Lima; Diego Duracenski; Diego José dos Santos; Diego M. Silva; Diego M. F. de Carvalho; Diego Machado; Diego Melo; Diego Moreira Silva; Diego Motta; Diego Narducci; Diego Rangel; Diego Rauchback; Diego Rodrigues; Diego Tinoco; Diego Tonhoque; Diego Zoz; Dilce Moura; Dilma Borges; Dina da Silva Barros Melo; Dina de Cássia Campos Pereira; Diogo Amazonas; Diogo Araújo; Diogo Bruckheimer; Diogo de Sá; Diogo Felix; Diogo Fernando; Diogo Galhardo; Diogo Soberano; Diogo Viana; Dionathan Casavechia; Diovana Patias; Diovana Sinezio; Diovane Bianchin; Djandys Teixeira; Djeane Damasceno; Djenifer Probest; Dorcas Souza; Dorival Rodrigues; Douglas Barbosa; Douglas Castilho; Douglas Cavalcante; Douglas Cury; Douglas da Silva Gomes; Douglas Filipe; Douglas Marques; Douglas Micael; Douglas Reche; Douglas Ribeiro; Douglas Rosa; Douglas Soares; Douglas Trancoso; Drielli Rezende Barros; Dry Fraga; Du Garcia; Duda Campos; Dyane Almeida; Dyego Silveira; Dynys Moira; Ebner Silva; Edenilson Camargo; Edenilton Moraes; Ederson Pinheiro; Edgar Pedrosa; Edilaine Barbosa de Miranda; Edilene Freire Rocha Metta; EdÍLia Ribas Kümmel; Edilson Peçanha; Edinéia Schllemer; Edineide Costa; Edivaldo Tavares; Edivânia Alves dos Santos Dreyer; Edivânia Guedes; Edla Cardoso; Edméa Frossard de Castro; Edna Cunha; Ednaldo Santos; Ednalva Alves; Edson Santos; Eduarda Lisbôa; Eduardo Bagattini; Eduardo Cerqueira; Eduardo da Silva; Eduardo Dias; Eduardo Frigeri; Eduardo Fugita; Eduardo Henrique; Eduardo Induzzi; Eduardo Mateus; Eduardo Moraes; Eduardo Murbach; Eduardo Nascimento; Eduardo Nascimento Deccino; Eduardo Rocha; Eduardo Santos Costa; Eduardo Sarreta; Eduardo Senko; Eduardo Takata; Eduardo Vilela; Edvaldo Santos; Edvaldo Sarmento; Edvânia Lopes; Edvânia Madeira; Edy Matos; Edyane Maria de Souza Gonçalves; Eklenio Soares; Elaine Besen; Elaine Bezerra; Elaine Cecília; Elaine Kniss; Elaine Martins; Elaine Melo; Elaine Sam; Elaine Simões; Elaine Tavares; Elayne Meirelles; Eleidiane Florêncio; Elen Brailko; Élen Marin; Elenice Pereira; Elenilson Ferreira Lima; Eletheia Patrícia Sepulvida; Eliana Araújo; Eliana Borri; Eliana Lucafó; Eliana Marcia Lima; Eliana Rondina; Eliana Sakamoto; Eliana Silva; Eliane Abreu; Eliane Correia; Eliane Decesaro; Eliane Gama; Eliane Gonçalves; Eliane Matos; Eliane Pereira; Eliane Soares; Eliaquim Britto; Elias Alves; Elias Bergamaschi; Elias Lima; Elieel Souza; Eliene Góis; Elimaida Máximo; Eline Costa; Elinton Piron; Elisa Loech; Elisa Santana; Elisama Souza; Elisandra Araújo; Elisandra Martins; Elisandra Souza; Elisandra Teodoro; Elisângela Lima; Elisangela Parisotto; Elisângela Rocha; Elisângela Salgado; Elisângela Santana; Elisson Gonçalves; Elizabete Brandão; Elizabeth; Elizabeth Fernandes; Elizama Nunes; Elizandra Marques; Elizandra Pires; Elizandra Santos; Elizângela Coelho; Elizângela Gatti; Elizângela Lopes; Ellen Martins; Ellen Monteiro Alves; Ellen Parodi; Elmo Volkmann; Eloisa Garcia; Eloisa Helena; Elton Mata; Elton Strapasson; Elza Bentes; Emanuela Carvalho; Emanuela da Silva; Emanuelle Brum; Emerson Bispo; Emerson Bronholo; Emerson de Santana; Emerson Melo; Emerson Mendes; Emerson Vamondes; Êmila Justiniano; EmÍLia Imparato; Emília Ribeiro Coimbra; Emiliana Leal; Emiliane Caroline Camoleis; Emilie Duplat; Emmanuela Cristina; Enéias Laurindo; Enos; Erenita Nobre; Eric Almeida; Eric Medrado; Eric Rodrigo; Eric Samuel; Érica Camargo; érica Layssa; Érica Morais; érica Pacheco; érica Pina; Érica Samira; Érica Silva; Erick Cabral; Erick Hipólito; Erick Maciel; Erick Reis; Ericka Moraez; Erickson Advincula; Erik Bruno Silva; Érika Bailon; Erika Batista; Erika Batista; Erika Fequettia; Érika Fernanda da Silva; Erika Galvão; Érika Guedes; Erika Queiroz; Erika Schereiber; Erika Suriani; Erika Suzuki; Erikson Carvalho; Erisvaldo Araújo; Ernesto Leandro; Erondina Alho; Eryca Marques; Estefânia Milanez; Estefânia Zen; Estela Paixão; Ester Costa; Etiene Pereira; Eudes Júnior; Eulália Cavalcanti; Eunice Braga; Eva Iniesta; Evandro Demarchi; Evandro Miranda; Eveline Alcântara; Eveline Fortes; Eveline Oliveira; Evelize Wisniewski; Evellyn Gabriela; Evely Azzi; Evelyn Medeiros; Evelyn Pasquali; Everson de Sá Barros; Everson Moreira; Everton Moraes; Everton Schons; Éverton Teles; Everton Vinícius; Evimarly; Ewerton Castilho; Fábia da Silva Azevedo; Fábia Sensecfd; Fabiana Arantes de Azevedo; Fabiana Araújo de Carvalho Minella; Fabiana Baltazar; Fabiana Comunello; Fabiana Cordeiro; Fabiana DionÍSio; Fabiana Esteves; Fabiana Ferreira; Fabiana Freitas; Fabiana Gazeta; Fabiana Karla Tenório dos Santos; Fabiana Latavanha; Fabiane Lépore; Fabiana Lopes; Fabiana Moraes; Fabiana Pacheco; Fabiana Pádua; Fabiana Pantaleão; Fabiana Patrício; Fabiana Ribeiro; Fabiana Sales; Fabiana Santana; Fabiana Santos; Fabiane Franco; Fabiane Puchalski; Fabiane Silva; Fabianne Cheis; Fabiano Batista; Fabiano Marques; Fabiano Netto; Fábio Cruz; Fábio Gomes; Fábio Lessa; Fábio Luís Kikuchi; Fábio Maldonado; Fábio Meneses; Fábio Poe; Fábio Santana; Fábio Santos; Fábio Sbampato; Fábio Silva; Fábio Tiago Palmeira; Fabíola Bento; Fabíola Machado; Fabíola Rocha; Fabíula Faustino; Fabrícia Argolo; Fabrícia Pasetti; Fabrício Martins; Fabrício Miranda; Fabrício Nunes dos Santos; Fabrizia Arashiro; Fagner Fonseca; Fagner Pastor; Fátima Corrêa; Fayrouz Arfox; Felipe Bayer Weber; Felipe Bedran; Felipe Beltrame; Felipe Carvalho; Felipe César; Felipe Coelho; Felipe Costa; Felipe de Almeida; Felipe Ferreira; Felipe Ferrugem; Felipe Frade; Felipe Galvão; Felipe Lando; Felipe Lima; Felipe Marangoni; Felipe Martins; Felipe Messias; Felipe Monteiro; Felipe Nathan; Felipe Oliveira; Felipe Parelho Zachi; Felipe Pavanelli; Felipe Pilz; Felipe Santarosa; Felipe Sousa; Felipe Tadeu; Felipe Teixeira; Felipe Ventura; Felipe Vieira; Fernanda Aiello; Fernanda Alencar; Fernanda Almada; Fernanda Araújo; Fernanda Barçal Luz; Fernanda Barros; Fernanda Bersi; Fernanda Bonfá; Fernanda Brito; Fernanda Caetano; Fernanda Candeias; Fernanda Cassal; Fernanda Costa; Fernanda de Jesus; Fernanda Delgado; Fernanda Dias; Fernanda Fanelli; Fernanda Ferraro; Fernanda Galvão; Fernanda Gibertoni; Fernanda Henzen; Fernanda Laender; Fernanda Lago; Fernanda Leite; Fernanda Lopes; Fernanda Malta Oliveira; Fernanda Maluf; Fernanda Mascarenhas; Fernanda Moraes; Fernanda Motta; Fernanda Navarro; Fernanda Neves; Fernanda Oliveira; Fernanda Panis; Fernanda Passos Vieira; Fernanda Prekuer; Fernanda Rabelo; Fernanda Rodrigues; Fernanda Roque; Fernanda Santos; Fernanda Suzart; Fernanda Teixeira; Fernanda Timboni; Fernanda V. Rodrigues; Fernanda Valle; Fernanda Valuá; Fernanda Vieira; Fernanda Vilela; Fernando A Teixeira; Fernando Augustus; Fernando Bertolotti; Fernando Dias; Fernando Ernesto; Fernando Lazarin; Fernando Maioli; Fernando M. de Lima; Fernando Motta; Fernando Neves; Fernando Nogueira; Fernando Paiva; Fernando Possamai; Fernando R. Silva; Fernando Rolim; Fernando Santos; Fernando Tavares; Fernando William; Fernando Zanon; Fhilipe Morais; Filipe Basílio; Filipe da Silva Fernandes; Filipe Oliveira; Filipi Milhomem; Flávia Aguiar; Flávia Calasans; Flávia Carrilho; Flávia da Trindade; Flávia Diniz; Flávia Férrer; Flávia França; Flávia Frota; Flávia Iolanda; Flávia Leite; Flávia Lords; Flávia Machado; Flávia Moraes; Flávia Oliveira; Flávia P. de Oliveira; Flávia Rezende; Flávia Ricamente; Flávia Santa Rosa; Flávia Schütz; Flávia Siqueira; Flávia Teixeira Nogueira de Sá; Flávia Torres Mattana; Flaviane Cunha; Flávio Aguinaldo; Flávio Augusto; Flávio Gabriel; Flávio Hirochi; Flávio Nascimento; Flávio Sebastião; Florenilde Gonçalves; Fran Lemos; Franciara Dantas; Franciele Antunes; Franciele Aramburu; Franciele Keller; Franciele Bitner; Francieli Carminati; Francielle Camargo; Francielle Fagundes; Francielle Pereira; Francielle Zoboli; Francilane Sampaio; Francilei M. J. Santos; Francinaldo Rodrigues; Francine Bozza; Francine Matos; Francine Oliveira; Franciny Poffo; Francisca Germano; Francisca Matos; Francisco Ferreira; Francisco Filho; Francisco Lopes; Francisco Mendes; Francisco Teofilo; Franklin Fuchs; Fransueide Alves; Fransuelen Castagnera; Frederico Cascão; Gabriel Basso do Prado; Gabriel Branco Elias Dib; Gabriel Brückheimer; Gabriel Cervas; Gabriel Cosendey; Gabriel Fernandes; Gabriel Ferrari; Gabriel Habib; Gabriel Heidemann;

Gabriel Kasuya; Gabriel Leopoldo; Gabriel Lima; Gabriel Lira; Gabriel Lopes Pereira; Gabriel Melo; Gabriel Palazzi; Gabriel Pantaleão; Gabriel Paz; Gabriel Peixoto; Gabriel Pimentel; Gabriel Santos; Gabriel Sarandi; Gabriel Schincariol; Gabriel Veloso; Gabriel Zielinski; Gabriela Albuquerque; Gabriela Bannak; Gabriela Baptista; Gabriela Barreto; Gabriela Batista; Gabriela Borges; Gabriela Dauerbach; Gabriela Fiorese; Gabriela Gomes; Gabriela Greppe; Gabriela Heringer; Gabriela Horta; Gabriela Leal Carigé; Gabriela Luciano; Gabriela Melo; Gabriela Nogueira; Gabriela Pattaro Garcia; Gabriela Sacardo; Gabriela Sales; Gabriela Salgado; Gabriela Santos; Gabriela Serqueira; Gabriela Silva; Gabriela Soares; Gabriela Souza; Gabriela Vergaças; Gabriela Viana; Gabriele Domingos; Gabriele Heimann; Gabriella Cardoso; Gabriella Denobile; Gabriella Giacomazzo; Gabriella Mazzinghy; Gabrielle Araújo; Gabrielle Silva; Gabrielli Feitosa; Gabrielly Telles; Gabryel Oliveira; Gardene Viguini; Geisa Degrande; Geisa Rodrigues; Geisiane Cardoso; Geisy Biasi; Geizita Mendes; Geni Franceschetto; Genilson Brito; George Papageorgiou; George Sossai; Georges da Silva; Geórgia Lucas; Georgia Mesquita; Geovana Tomaz; Geovani Médice; Geovanne Reder; Gerardo Donatiello; Gerlene Lima; Germano Naumann; Gerson Marques; Gerson Vasni; Gersony Júnior; Gesley Crislane Silva Diniz; Géssika Moret; Gessy Hanany; Geycielle de Oliveira Hoppmann; Geysa Rocha; Gi Organize; Gianny Leal; Gigliola Cunha; Gilberto Fernandes; Gilberto Gadelha; Gilberto Pires; Gilberto S.; Gilcele Cunha; Giliane Pereira; Gilmar Mendes; Gilmara Anjos; Gilmara Souza; Gilsilene Marqui; Gilson Souza; Gilvaldson (Vado); Gilvana Rocha; Gina Carneiro; Giorge Alexandre; Giovana Brugnerotto; Giovana Faria; Giovana Muknicka; Giovana Mulinari; Giovanna Albarello; Giovanna Ermira; Giovanna Galo; Giovanna Maria; Giovanna Megiato Moreira; Giovanni Ribeiro; Gisele Bassan; Gisele Colares; Gisele Couto; Gisele de Souza; Gisele Grellert; Gisele Gusmão; Gisele Honorato; Gisele Labrea; Gisele Melo; Gisele Muniz; Gisele Peixoto; Gisele Rocha; Gisele Salgado dos Santos; Giselle Marques; Giselle Oliveira; Giselle Pessanha; Giselly de Liz; Gislaine Bettin; Gislaine da Silva; Gislaine Lopes; Gislaine Norcia; Gislayne de Vasconcelos; Gisleine Santos; Gislene Titon; Giulia Carolline; Giuliana de Lima Villas-Bôas; Giuliana Martins; Giuliano Guimarães; Givaldo Alves; Glaise Akel; Gláuber Coelho; Gláuber Rodrigo; Gláucia Bousquet; Gláucia Deimling; Gláucia Gonçalves da Silva; Gláucia Miranda; Gláucia Reis; Gláucia Souza; Gláucia Valente; Glaucene Custodioapos O.; Glaucimeire Vieira; Glayce Monteiro; Gleberson Sena; Gleice Cecílio Silva; Gleice Moraes; Glenda David Vaz; Gleyton Ribeiro; Glória Araújo; Glória Copello; Glorinha Martins; Grace Bezerra; Graciella Nadal; Gracielle Correia; Gracielle Godoy; Gracielly Montans; Grasiele Rezende; Graziela Benevides; Graziela Cunha; Graziela Metodio; Graziela Miranda; Graziela Moura; Graziela Teçari; Graziele Fernanda Bailona; Graziele Gubert; Graziella Rodrigues; Graziella Santos; Graziella Souza; Grazielle Amaral; Grazielle Ribeiro; Grécia Lima; Gregory Ridolfi; Greiciane Rocha; Greiziane Salustiano; Guatavo Lu; Guido Morceli; Guilherme Almeida; Guilherme de Souza Pereira; Guilherme Dornelas; Guilherme Fucks; Guilherme Gonzaga; Guilherme Jaenisch; Guilherme Lopes; Guilherme Luche; Guilherme Luizato; Guilherme Machado; Guilherme Mariano; Guilherme Melo; Guilherme Morais; Guilherme Moreno; Guilherme Neves; Guilherme Silva; Guilherme Varella; Guisella Lima; Gustavo Barba; Gustavo Barntick; Gustavo Bernardina; Gustavo Bortolato; Gustavo Braga; Gustavo Castro; Gustavo Eustáquio Gomide; Gustavo Farias; Gustavo Freitas; Gustavo Ggohr; Gustavo Gomes; Gustavo Januário Gonçalves; Gustavo M. A. de Queiroz; Gustavo Malheiros; Gustavo Matesco Franco; Gustavo Moço; Gustavo Oliveira; Gustavo Oliveira; Gustavo Patrício; Gustavo Pavan; Gustavo Pedroso; Gustavo Pelatti; Gustavo Pistore; Gustavo VerÍssimo; Gustavo Volpini; Gutemberg Amorim; Guthierry PacÍfico; Guto CarvalhÃes; Gyssele Flores; Halilton Azevedo; Hallyson Oliveira; Haroldo Felipe; Hawinne Rodrigues Castro Nascimento; Hayana Rodrigues; Haydée Maia; Hedivânia Silva; Heitor Amadi Campos dos Santos; Heitor Holanda; Helaine Cruz; Helaine Hermínio; Helânia Cristine Gonçalves Leite; Helcio Rodrigues; Helder Neto; Helen Pereira; Helen Santos; Helena Fregnan; Helena Klein; Helena Lobachi; Helena Rattova; Helena Soares; Helena Vieira; Helenildes Perrone; Hélio Gomes; Hélio Jesus; Hélio Maia Leite Júnior; Hélio Ricardo; Hellen Andrade; Helmiton Paulo; HeloÍsa Alves; HeloÍsa Nascimento; Heloise Barros; Helton Amorim; Helton Passos; Henderson Almeida; Henrique Cássaro; Henrique Eduardo; Henrique Farias; Henrique Guidini; Henrique Moreno; Henrique Steinhardt; Henrique Vallini; Herald Silva; Herbert Guimarães; Herculano Franklin; Higor Ribeiro; Hihaia Andrade; Hilo Mendes; Hilweanne Martins; Hiranderson Mota; Hiroshi Anderson; Hobson Fernandes; Holdlianh Beiró; Hosana Almeida; Hudson Holanda; Hudson Ricardo; Hugo Henrique Neves dos Santos; Hugo Leonardo; Hugo Machado; Hugo Rios; Hugo Yuji Mimura; Humberto Barbosa; Hytala Brandão; Ian Felipe; Iana Dürr; Iara Dechiche; Iara Moraes; Iara Moura; Iargles Queiroz; Ida Teresinha Holler dos Santos; Iêza de Oliveira; Igor Bramante; Igor Carvalho; Igor Gonçalves Gontijo; Igor Prado; Igor Raimundo; Igor Ribeiro; Igor Seiji; Igor Simões; Ihara Costa; Ilair Biffi; Ilda Ramos; Iliamara Cardoso; Ilma Gonçalos Guimarães; Inara Nunes; Indaiá Roma; India Bentes; Indiara Stein; Indyanara Silva; Inês Vitorino; Ingrid Campelo M.; Ingrid Garcia; Ingrid Libardi; Ingrid Luísa; Ingrid Sabrina; Ingrid Satiro; Ingrid Vanessa; Ingridh Cadilli; Ingridy Oliveira; Iolanda Santos; Ione Nascimento; Iracema Nogueira; Iramaia Ranai Gallerani; Iranilda Martins; Iranilda Martins; Irineu Júnior; ÍRis Silva; Isa Cerchi; Isaac Lima; Isabel Camargo; Isabel Mascena Galdino; Isabel Menezes; Isabela Aderne; Isabela Bartholomeu; Isabela Bossoni Kühl; Isabela Carvalho; Isabela de Paula; Isabela Guadanini; Isabela Lara; Isabela Marinho; Isabela Mello de Almeida; Isabela Messeder; Isabela Pereira; Isabela Silva Martins; Isabela Vianna; Isabella Carrer; Isabella Pires; Isabella Rodrigues; Isabella Starela; Isabelly Brito; Isacky Ferreira; Isadora Fílbida; Isis Alvarenga; Isis Gomes Chaves; Ismael Pinho; Isolda de Freitas Della Fonte Neves; Itaciara Costa; Itala Milany; Itallo Silva; Ítalo Chachá; Ítalo Queiroz; Itamara Oliveira; Itatiane Garcia; Iury Baioco; Ivan Franco de Oliveira; Ivan Moraes; Ivana Luiza; Ivanilson Martins; Ives Tárik Cannavó Corrêa; Ivone Carvalho; Ivone Geraldini; Izabel Cristina Villa; Izabela Araújo; Izabele Gomes; Izabelle Maria; Izadora Narciso; Izaura Souza; J€N Alv€$; Jacilene Alves; Jack Mariano; Jackcelly Seixas; Jackson Ecks; Jackson Gonçalo; Jacqueline Marin; Jacqueline Menezes; Jacqueline Oliveira; Jacqueline Santos; Jacqueline Sena; Jacqueline Suna; Jacquelin R. Leão; Jacques Miura; Jadson Lucas; Jaime Martins; Jairo Vaz; Jakeline Kennedy; Jam Pizzani; Jamile Millene; Jamilia Oliveira; Jamille Novais; Jamille Pinto Sousa Araújo; Jamille Vaz; Jamylie Lira; Janaina Albuquerque; Janaína Coalha; Janaina Fernandes; Janaína Luiz; Janaina Marques; Janaína Massílio; Janaína Modesto; Janaína Patrícia; Janaína Pires; Janaína Poletto Pelissari; Janaína Suzuki; Jandrine Bitencourt; Jane Estefânia de Souza; Jane Pereira; Jane Pimpim; Janete Ferreira; Janice Araújo; Janice Punko; Jannine Calixto; Jaqueline de Lima; Jaqueline Mattos; Jaqueline Montelli; Jaqueline Soares; Jaqueline Tortoreli; Jaqueline Tuchal; Jardel Ramos; Jayce Aleixo; Jayne Fernandes; Jean Cançado; Jean Carlos; Jean Carlos Magri; Jean Damasceno; Jean Domênico; Jean Iurk; Jean Magri; Jean Queiroz; Jeane Oliveira; Jeduardo Pinto; Jefe Mazon; Jeferson Moreira; Jefferson Cabral; Jefferson David da Silva; Jefferson Jerônimo; Jefferson Queiroz; Jefferson Vilela; Jemerson Fênix; Jenifer Pasetti; Jenifer Werner; Jennefer Paixão; Jenni Tabosa; Jennifer Fernandes; Jerusa Valerao; Jeruza Moura; Jéssica Almeida; Jéssica Alves; Jéssica Aquino; Jéssica Barros; Jéssica Barros; Jéssica Biet; Jéssica Carius Rodrigues da Silva; Jéssica Casotti; Jéssica Cristiane Cardoso; Jéssica Farias; Jéssica Ferraz; Jéssica Freires; Jéssica Ghilardi; Jéssica Gonzaga; Jéssica Guedes Murilha; Jéssica J Monteiro; Jéssica Lira; Jéssica Lorenzi; Jéssica Macedo; Jéssica Maíse; Jéssica Manucci; Jéssica Mariano; Jéssica Pauczinski; Jéssica Reis; Jéssica Rezende; Jéssica Rocha; Jéssica Rodrigues; Jéssica Scher; Jéssica Silveira; Jéssica Taynã; Jéssica Tussi; Jéssica Vaz; Jéssica Yu; Jessimara Martinelle; Jessivane Carvalho; Jéssyca Diniz; Jéssyka Bindaco; Jeune Malta; Jhanne Franco; Jheinisson Santos; Jheniffer Lourenço; Jhonatan Fernandes; Jhonnatan Soares; Jhonny Ribeiro; Jhony Dellavalentina; Joan Bonfim Cotrim; Joana Botelho; Joana Marilurdes; Joana Röwer; Joana Vieira; Joanne Dourado; Joanne Viapiana; João Antonio; João Antunes; João Augusto da Silva; Joao Baduca; João Bulhões; João Caetano; João Carlos; João Carvalho; João Cláudio Machado; João Clerison; João de Sousa Andrade Neto; João Douglas Alves; João Fernandes; João Guilherme Almeida da Silva Marques; João Guilherme de Oliveira Soares; João Gustavo; João Henrique Gontijo; João Lira; João Martins; João Mendes; João Nascimento; João Paulo; João Paulo Menezes; João Paulo O. A.; João Paulo Peramos Alves; João Pedro; João Petrussi; João Pimentel; João Sazon; João Tavares; João Victor Vaz; João Vitor Freitas da Silva,Vitinho 16; Joaquim Matias; Joás Henrique; Jociel Silva; Jocyere Carvalhi; Jodiléia Dutra; Joede Fadel; Joedina Souza; Joel Loss; Joel Messias; Joelly Matos; Joelma Epifânio; Joelza Brito; John Allys; Johnatan Santos; Johrlleny Meireles; Joice Martins; Joicy Lacerda; Joile Cunha; Jonas Dourado; Jonas Leite; Jonas Matos; Jonas Sbeghen; Jonatas Carvalho; Jonatas Norberto Rodrigues; Jonathan Conradt; Jonathan G. da Silva; Jonathan Jang; Jonathan Merlo; Jonathan Pasqualotto; Jônathas Lago; Jordana Pereira; Jordana Winter; Jorge Alencar; Jorge Benigno; Jorge Bernini; Jorge Júnior; Jorge Luís Batalha; Jorge Luiz; Jorge Nogueira; Jorge Sebastião; Josaine Valuá; Josana Medeiros; José Akimus; José Almeida; Jose Barbosa; José Borba; José Carlos; José Drodowski; José Nascimento; José Ranie; José Renato Amorim; José Ricardo Nascimento; José Rosa; José Rozendo; José Thiago Ribeiro da Silva; Joseane Cunha; Joselane Catarina da Silva; Joselina Santos; Josi Giombelli; Josiane Carvalho; Josiane Louzada; Josiane Moura; Josiane Rocha; Josiene Rodrigues; Josileide Farias; Josilene Maia; Josimar Flausino; Josinete Oliveira; Josivaldo Rodrigues; Josué Silvestre; Josy Yume Garcia; Josyene Macedo; Joyce Dias; Joyce Diniz; Joyce Ribeiro e Silva; Jozias Fortunato; Joziel Néspoli; J. P. Camargo; Ju

Almeida; Juan Pablo; Juan Pino; Juarez Mendes Ribeiro Jr.; Juber Soares; Júbila Santos; Juca Dimas; Jucelaine Bitencourt; Juceli Giordani; Juciara de Jesus; Jucileia Nascimento; Jucilene Mendes; Juh Prado; Júlia Alves Baptista; Júlia Caram; Júlia Dantas; Júlia Hardt; Júlia Limberger; Júlia Parizzi; Júlia Picinato; Júlia Ribeiro de Souza; Juliana Affonso; Juliana Albuquerque; Juliana Andrade Borges; Juliana Angélica; Juliana Bagatelli; Juliana Baptista; Juliana Bladt; Juliana Bomfim; Juliana Cardoso; Juliana Cavalheiro Leite; Juliana Cunha; Juliana Dávila; Juliana de Carvalho Rodrigues Dourado; Juliana de Paula; Juliana de Souza Corrêa; Juliana Farias; Juliana Fernandes; Juliana Figueiredo; Juliana Fontenele; Juliana França; Juliana Freitas; Juliana Gusmão; Juliana Heines; Juliana Jamille; Juliana Jesus; Juliana Larose; Juliana Leme; Juliana Lima; Juliana Lobo Corrêa; Juliana Lourenço; Juliana Mayers; Juliana Miranda; Juliana Monteiro; Juliana Monteiro Machado; Juliana Pavam; Juliana Pimenta; Juliana Pimpim; Juliana Pio; Juliana Rebello Teixeira; Juliana Ribeiro; Juliana Silva; Juliana Souza; Juliana Tardivo; Juliana Toledo; Juliana Zanfolin; Juliane Camargo; Juliane Dambros; Juliane Gomes; Juliana Goularte; Juliane Loreto; Juliane Mari Pires; Juliane Paludo; Juliane Vieira; Julianne Fernandes; Juliann Mendonça; Juliano Borba Paim; Juliano Deconti; Juliano Leal; Juliano Quetz; Juliany Andrade; Julie Freitas; Júlio Carlos; Júlio Cesarino; Júlio Costa; Júlio Lima; Júlio Marcos; Júlio Rodrigues; Jullyane de Oliveira; Julyane Campos; Julyann Alves Machado (Jamjam); Jundiaí; Júnior Alves; Júnior Fonseca; Júnior Ivan; Júnior Oliveira; Juraci Buriola; Jurema Cyrillo; Jusara Alves.; Juscilene Carvalho; Jussara Oliveira; Jussara Rocha; Jussara Teixeira; Jussara Vasconcelos; Kaio Magalhães; Kaio Nunes; Kaíque Araújo; Kaline Barros Ribeiro; Kaline Cavalcante Martins; Kalliane Fontenele; Kamila Dantas; Kamila O. de Souza; Kamilla Helena; Karen Batista; Karen Costa; Karen Zanella; Kariane de Oliveira; Karim Gomes; Karin Tudela; Karina Borlenghi; Karina Campana; Karina da Rocha Carvalho; Karina Gaspar; Karina Maniglia; Karina Martins; Karina Monteiro; Karina Motoyama; Karina Moura; Karina Pereira; Karina Ribeiro; Karina Santos; Karina Schmidt; Karina Silva Rodrigues; Karina Torres; Karine Bernardes Silva; Karine Cordeiro; Karine Costa de Oliveira; Karine Cota; Karine Cruz; Karine de Vargas; Karine Neves; Karine Simada; Karinna Oliveira; Karla Andréia de Sá Nogueira Quirino de Souza; Karla Baraldi; Karla Hisatugo; Karla Lyra; Karla Miranda; Karla Ramos; Karla Reis Menezes; Karla Renata; Karla Rinaldi; Karla Sampaio; Karla Thaís; Karly Caroline Nascimento; Karol Chaves; Karol Macedo; Karol Machado; Karol Martins; Karol Meguerditchian; Karol Reis; Karolina Martins; Karoline Abreu; Karoline Luz; Karollina Rodrigues Chaves; Karolline Freitas; Karolyne Torquetti; Karyne Alexandre; Kassiani Cidade; Katarina Rouse; Katharina Barros; Katherine Ellen; Kathleen Amaral; Katia Boccuzzi; Katia Cabrera; Kátia Campista; Kátia Corrêa; Katia Corrêa Arrais; Kátia de Jesus Gomes; Kátia F. Viana; Kátia Martins; Kátia Mees; Kátia Santos; Kátia Zambi; Katiane Rosa; Katieli Oliveira; Katlen Magalhães; Kauana Maria Vicente da Silva; Kawê Melquíades; Kaylan Mattos; Kayta Keroly; Keila Almeida; Keila Duarte; Keila Patrícia; Keila Saturnino; Keila Wronski; Keith Marry; Keity Jamille; Kelen Boscardin; Kelen Giustina; Kelen Lubrigati; Kelen Pinto; Keler Dias; Keli Bortholazzi; Kelli Silva; Kelly Cecília; Kelly Chaves; Kelly Cruz; Kelly Domingos; Kelly Morais; Kelly Noronha; Kelly Raquel Dal'sotto Milani; Kelly Sabadin; Kelly Simone; Kelson Braga; Kely Guimarães; Kely Macuco; Kender Neiva; Kênia Almeida; Kênia Vetere; Kênya Araújo; Kênya Araújo; Késia Muriel; Késsio Furtado; Ket Soares; Ketele Rocha da Silva; Keterin Tiscoski; Keven Kennedy; Kevin Souza; Keyla Christianne; Keyla Janaina; Keyla Nolasco; Keyla Oliveira; Keziah Rocha; Kialany Gomes; Kika Braga; Kiki Faria; Kleber Carapinheiro; Kleber Faria; Kleber Secatto; Klebson Silva; Kleia Silva de Carvalho; Klênnya Lourenço; Kmila Pac; Kristinne Hintz; Ladya Santos; Laércio Gaieski; Laila Sayah; Laís Andrade; Laís Lemos; Laís Milagres; Laís Nagao; Laís Quirino; Laís Sachet; Laísa Pina; Laíse Maressa; Laisse Moura Filgueira da Rocha; Laiza Novaes; Lane Kalline; Lanna Pereira; Lara Carneiro; Lara Chaves; Lara Cristina A. Batista; Lara Fraga; Lara Moura; Lara Pegorin; Lara Shift; Lara Subtil; Lari Kina; Larissa Assis; Larissa Bezerra; Larissa Bortolan; Larissa Chagas; Larissa Dias; Larissa Drumond; Larissa Esteves; Larissa Fiorentin; Larissa Gesteira; Larissa Lima; Larissa Lisboa; Larissa Lopes; Larissa Mariotto; Larissa Meirelles; Larissa Monteiro; Larissa Padilha; Larissa Pires; Larissa Rodrigues; Larissa Sebastiany; Larissa Sobral; Larissa Valério; Larissa Wanderley; Larisse C. Costa; Larisse Viana; Laryssa Hellena Fischer de Amorim; Laryssa Muniz; Laudenice Santos; Laura Caroline; Laura Mariana Camargo Gontijo; Lauro Monteiro; Layla Balconi; Layla Balconi Miranda; Layla Saleh; Layse Medeiros; Layse Souza Rezende Vieira; Leandro Abdalla; Leandro Allan; Leandro Alves; Leandro Benício; Leandro Faccin; Leandro Ferreira; Leandro Figueiredo; Leandro Gasparini; Leandro Gonçalves dos Santos; Leandro Goulart; Leandro Jerônimo; Leandro Lima; Leandro Lordelo; Leandro Luiz Alves de Assis; Leandro Luiz Vilabel; Leandro Santos; Leandro Schomer; Leandro Vieira de Oliveira; Leandro Xavier; Leandro Yamauti; Leda Rodrigues; Ledivania Machado; Ledjanne Pereira; Leidiane Franco; Leidiane Marques; Leidiane Ramos; Leidiane Rosa; Leila Curty Siqueira; Leila Dultra; Leilane Viana; Leiri Bonet; Leiryane Xavier; Léli Oliveira; Lenice Santos; Leomara Priscilla L. de Araújo; Leonara Brusgui; Leonardo Acioli; Leonardo Barga; Leonardo Barrosa; Leonardo Bettiol; Leonardo Bueno; Leonardo Carvalho; Leonardo Cirillo; Leonardo Costa; Leonardo Dhillan; Leonardo Duarte; Leonardo Fuso; Leonardo Gomes de Miranda; Leonardo Heidemann; Leonardo Hein; Leonardo Iob; Leonardo Marques; Leonardo Melo; Leonardo Morais; Leonardo Penido; Leonardo Portinho; Leonardo Romano; Leonardo Silva; Leonardo Vilanova; Leôncio Duarte; Leôncio Santos; Leopoldo Castilho; Lesley Carlos; Leslie Seleri; Letícia Aparecida; Letícia Bedan; Letícia Cavalcante; Letícia Fedrizzi; Letícia Fedrizzi; Letícia Ferreira; Letícia Franklin; Letícia Gomes; Letícia Milhomem Andrade; Letícia Motisuki; Letícia Schultz Baptista; Letícia Sebastiany; Letícia Separovich; Letícia Situlino; Letícia Slongo; Letícia Vidal; Leydiany Rosa; Leylla Carina; Lia Barroso; Lia Fernandes; Liana de Assumpção Carraro; Liana Santiago; Liana Suassuna; Liandra Araújo; Liane Casaril; Liane Coelho; Lídia Marques; Lídia Muniz; Lidiane da Cruz; Lidiane Lima de Oliveira; Lidiane Vieira; Liege Soares; Lien Diceti; Liévory Ribas; Lígia Bruno; Lígia Genuíno; Lígia Lima; Lígia Rebello; Lígia Rejane; Lígia Resplandes; Lília Marques; Lília Moura; Lília Né Silva; Lília Perez; Líliam Ferreira; Lílian Amaro; Lílian Consulei; Lílian Crystinne; Lílian Kelly dos Santos; Lílian Lacerda; Lílian Reisig Ribeiro; Lílian Reisig Ribeiro; Lílian Rodriguez; Lílian Salomão; Lílian Tumelero; Liliane Catarina; Liliane Dias; Liliane Dias Cruz; Líllian Grilo; Líllian Jauregui; Líllian Pimentel; Lily Caetano; Liselene Cunha; Lisiane Stein; Lívia Costa; Lívia Cristina; Lívia Novoa; Lívia Rodrafe; Liz Bressanini; Lizandra Cabral Silva; Lizandra Veras; Loide Medeiros; Lorena Costa; Lorena Marcelino; Lorena Oliveira; Lorena Ribeiro; Lorena Sampaio; Lorenna Paiva; Lorenzo Busanello; Lorraine Macedo; Lorrainy Domingos Oliveira; Lorran T. G. Assis; Lorrayne Lopes; Lougans Reis; Louise Gangi; Lu Abreu; Lua Carvalho; Luan Esteves; Luan Kimey Mingote Alvarez; Luan Mendes; Luan Nunes; Luan Rsn; Luan Zurc; Luana Aguiar; Luana Aires; Luana Barbosa; Luana Castilhos; Luana Corrêa; Luana D'ávila; Luana D'arc; Luana Gabriela; Luana Gonçalves; Luana Honorato; Luana Jacob; Luana Maria; Luana Natal; Luana Paim; Luana Silva; Luana Soares; Luana Turatti; Luane Moreira; Luane Vieira; Luanny Batista; Lucas Aleixo; Lucas Alencar; Lucas Barreto Cerqueira; Lucas Borges; Lucas Brugnago; Lucas Bueno; Lucas Carnevalli; Lucas Correia; Lucas Delpaço; Lucas Diniz; Lucas Donnovan; Lucas Drum; Lucas Felipe; Lucas Frata Guzzo; Lucas Frediani; Lucas Germani; Lucas Gonçalves; Lucas Guedes; Lucas Lanzoni; Lucas Lemos; Lucas Levado; Lucas Marçal; Lucas Marcolino; Lucas Matias; Lucas Morais; Lucas Pessoa; Lucas Queiroz Mendes; Lucas Quites; Lucas Rauta; Lucas Reis; Lucas Silva; Lucas Vieira; Lúcia Elena Pereira da Silva; Lúcia Ferreira; Luciana; Luciana Acosta; Luciana Antonelli; Luciana Arruda; Luciana Azevedo; Luciana Barbosa; Luciana Bazilio; Luciana Borges; Luciana Cajazeira; Luciana Cândido; Luciana Carestiato; Luciana Castro; Luciana de Souza Carvalho Gomes; Luciana Dutra; Luciana Fernandes; Luciana Hirakawa; Luciana Kako; Luciana Lessa; Luciana Lima; Luciana Melo; Luciana Mesquita; Luciana Nascimento; Luciana Naufel; Luciana P. Costa; Luciana Rodrigues; Luciana Silveira; Luciana Silvestrini; Luciana Suavinho; Luciana Takahashi; Luciana Teixeira; Luciane Petruce; Luciano Corrêa; Luciano de Almeida Silva; Luciano Iafrate; Luciano Nogueira; Luciano Nunes; Luciano Santos; Luciano Yano; Luciene Afonso; Luciene Alves; Luciene Dino; Luciene Maschio; Luciene S. A. Santos; Luciene Sampaio; Luciene Virgínio; Luciete Tude S. Diniz; Lucila Alvim; Lucila Santos; Lucila Silva; Lucimar Alves Gomes Martins; Lucinéia Rezende; Lucrécia Moraes; Lucyana Martins; Lucylaine Previato; Ludimila Bellin; Ludimila Limeira; Ludmila Cividanes; Ludmila Lopes; Ludmilla Vaz; Luh Santos; Luidy Perez; Luís Abeno; Luís Carlos Barbosa Filho; Luís Henrique Silva Souza Santana; Luís Paié; Luís Pereira; Luís Salvadori; Luís Zego; Luísa Almeida; Luísi Chiara; Luismar Soares Lutes; Luiz Andrade; Luiz Assumpção; Luiz Bezerra; Luiz Carlos da Silva; Luiz Damião; Luiz Dias; Luiz Fernando Rodrigues; Luiz Gangi; Luiz Henrique de Souza Vilela; Luiz Júnior; Luiz Keller; Luiz Lima; Luiz Mendes; Luiz Sarmento; Luiz Scomparin; Luiz Servilho; Luiz Siqueira; Luiza Balbino; Luiza Dacroce; Luiza Helena Rodrigues de Carvalho; Luiza Kuee; Luiza Molina; Luma Duarte; Luma Tsutsui; Lumma Maria Alves de Paiva; Lurdes Conceição Ferreira Sousa; Luzia Vieira; Lyndse Pereira; Mabel Chaves; Maciel Costa; Madson Sousa; Magda Vizzotto; Magna Spohr; Magno Ferreira; Mah Soham; Maiara Adad; Maiara Jarbas; Maiara Kruschewsky; Maiara Maia; Maiara Pereira; Maiara Tiemann; Maicon Varela; Maida Ormundo; Maik Antônio; Maiko Bruce; Maiko Miranda; Maila Cavagioni; Maíra Bernabé; Maíra Loli; Maíra Marçal Borges; MaÍRa Matsuda; Maire Nascimento; Mairon Kaju; Maísa Carvalho; Maísa Wandscher; Maitê Borges; Malu Adams; Mannoella Somally; Manoel Clemente Vieira; Manoel

Dias; Manoel Rodrigues; Manu Marques; Manuel Cabral; Manuela Brito; Manuella Rebouças; Manuelly Figueiredo; Mara Azevedo; Mara Blanc; Mara Bronholo; Mara Cristina; Mara Mabel; Mara Oliveira; Mara Santos; Maraysa Woloszyn; Marcel Vizoto; Marcela Alves; Marcela Assunção Faria; Marcela Daphinny; Marcela Davi; Marcela Garavano; Marcela Lannes; Marcela Magalhães; Marcela Moraes; Marcela Nitz; Marcela S. Sampaio; Marcela Vilela; Marcele Caroline; Marcella Mendes; Marcelle Bueno; Marcelle Costa de Oliveira Queiroz; Marcelle Marchezini; Marcello Sarkis; Marcello Teixeira; Marcelo Alves; Marcelo Annunciação; Marcelo Carpediem; Marcelo Côrtes Freitas Coutinho; Marcelo Costa; Marcelo Ferreira; Marcelo Franklin; Marcelo Gomes; Marcelo Henrique Balieiro; Marcelo Lazzarotto; Marcelo Medeiros; Marcelo Monteiro; Marcelo Nakano; Marcelo Ota; Marcelo Ranieri; Marcelo Rodrigues; Marcelo Santana; Marcelo Santos; Márcia Alves; Márcia Delmiro; Márcia Gomes; Márcia Izabel Mello Perez Garlet; Márcia Lameiras; Márcia Lima; Márcia Matsumoto; Márcia Oliveira; Márcia Rodrigues; Márcia Silva; Márcia Trovão; Marciana A. Bittencourt Thesbita; Marciana A. Bittencourt Thesbita; Marcilene Andrade; Márcio Albuquerque; Márcio Andrade; Márcio Augsten; Márcio F. Cunha; Márcio Fonteles; Márcio Júnior; Márcio Melchiades; Márcio Mequelussi; Márcio Paulino; Márcio Rener; Márcio Silva; Márcio Soll; Marco Antonio de Lira; Marco Antônio Santos Machado; Marco Paz; Marco Rebonato; Marco Ribeiro; Marco Trindade; Marcos Almeida de Jesus; Marcos Bazzoni; Marcos de Oliveira; Marcos Felipe; Marcos Ferreira; Marcos Fogo; Marcos Galego; Marcos Gomes; Marcos H.nonato; Marcos Herculano; Marcos Lemos; Marcos Lima; Marcos Mattos; Marcos Monteiro; Marcos Nogueira; Marcos Roberto; Marcos Silva; Marcos Strassi; Marcos V. N. Goncalves; Marcos Victor; Marcus Pinho; Marcus Santos; Marcus Simão; Marcus Souza; Marcus Vinícius; Marcy Ruppenthal; Margarida Asato; Mari Rosa; Mari; Maria Almeida; Maria Andreia Veiga; Maria Angélica; Maria Beatriz; Maria Betânia Honório; Maria Brito; Maria de Jesus; Maria Eliete Fabbro; Maria Elisa Dias; Maria Gabriela Lima; Maria Gabriela Linares; Maria Gabriele; Maria Goretti; Maria Goretti; Maria Helena Vieira; Maria Isabel Guedes; Maria Izabel de Mello Barreto; Maria José Carreiro de Melo Oliveira; Maria Júlia Caccia; Maria Lígia Carvalho; Maria Olívia Duarte de Souza; Maria Ribeiro; Maria Rosa Oliveira; Maria Vieira; Mariah Marques; Mariana Aboud Chagas; Mariana Accorsi; Mariana Aragão; Mariana Arfelli; Mariana Augusta Nogueira Vilela; Mariana Balcarze; Mariana Berger; Mariana Braga; Mariana Brito; Mariana Britto; Mariana Camargo; Mariana Cimmino; Mariana Costa; Mariana Cunha; Mariana de Melo e Melo; Mariana Guimarães; Mariana Leme; Mariana Luz; Mariana M. Barbiellini; Mariana Machado; Mariana Maia M. Evangelista; Mariana N. Lopes; Mariana Oliveira; Mariana Pontes; Mariana Prado; Mariana Rocha; Mariana Santos; Mariana Vieira; Mariane Almeida; Mariane Bigatão; Mariane Peralta; Mariane Salviano Pereti Tanimura; Mariane Spadotto; Marianne Vilanova; Marianny Baltazar; Maricel Antonelli Braz; Mariela Masutti; Mariele Massara; Mariella Diniz; Marielli F. Vieira; Marien Fujino; Marilda Moreira; Marilda Rodrigues; Marilene Sampaio; MarÍliia Carvalho; Marília de Oliveira Silva; Marília Lopes; Marília Lupianhes; MarÍLia Maia; Marília Rocha; MarÍLia Rodrigues; Mariliag Mendes; Marilla Fortes; Marilza Mendes; Marina Ascari; Marina Cabral; Marina Durante; Marina Jota; Marina Masiero; Marina Meira; Marina Ribeiro; Marina Zanforlin; Marines Sammamed Freire Trevisan; Mário Oki; Mário Ribeiro; Mário Sérgio; Mário Shigeoka; Marisa Franscisquini; Marisa Parisenti; Maristela Schubert; Maristelia Oliveira; Marivalda Santiago; Marizete Ferreira Caetano; Marlene Pereira Ferreira; Marlene Suhett; Marli Alcantara; Marli Souza; Marlon Heimann; Marlon Vinícius Coura Souza; Marly Azevedo; Marly Caete; Marlyne Juliana; Marta Bestle; Marta Generoso; Martina Jaques; Martinha Marcos; Martinho Roberto; Marusa Garcia; Mary E. Ribeiro; Mary Santiago; Mary Teodósio Trinci; Maryane Colombo; Maryanna Alves; Marye Klauberg; Maryllia Reinaux; Maryssa Pontes; Mateus Gualberto; Mateus Ribeiro; Matheus Espejo; Matheus Freitas; Matheus Guedes; Matheus Kusdra; Matheus Lacerda; Matheus Martins; Matheus Mata; Matheus Mello; Matheus Mourão; Matheus Queiroz; Matheus Ramos; Matheus Tauhyl; Maurício Gala; Maurício Sacchi Facholi; Maurício Schwartzmann; Maurício Trevisan; Maurício Turon; Mauro Baptista; Mauro G. M. Ferreira; Mauro Justino; Mauro Mequelussi; Maviael Marcolino da Silva; Max Scopel; Max Willians; Maxwell Souza; Mayanna Damas; Mayara Azevedo; Mayara Barreto; Mayara Bezerra; Mayara Motta; Mayara Regoso; Mayara Rigo; Mayara Schmitt; Mayara Sousa; Mayara Souto; Mayara Vasconcelos; Mayarah Martins; Maycon Valente; Mayke Medeiros; Maynara Klug; Maysa Cinotti; Maysa Drumond; Maysa Holtim; Maysa Moro; Maysa Úrsula; Mayse Mendonça; Meire Almeida; Mel Pinheiro; Mel Stanieski; Melina Figueiredo; Melina Rodrigues; Melissa Gil Murat; Melisse Dumont; Mhelena Vieira; Micael Ferreira; Micaelle Souza Alair; Michaelle Santos; Michel Almeida; Michel Almeida; Michel Clóvis; Michel Lima; Michel Medeiros; Michele Albano; Michele Baratella; Michele Carvalho; Michele Cavalcante; Michele de Paula; Michele Floriano; Michele Ladeia; Michele Lima; Michele Mondek; Micheli Almeida; Micheli Schmitt; Micheline Fabíola Florentino da Silva; Micheline Marinho; Michell Moreira; Michelle Bello; Michelle Drumond Caldeira; Michelle Evaristo; Michelle Martins; Michelle Metzler; Michelle Nascimento; Michelle Quarto; Michelle Torrecilho; Michelle Viana; Michelle Vieira; Michelli Dutra; Michely Ribeiro; Michely Silva; Michely Silva; Midiã Nogueira; Mikaella Coutinho; Mila Pugliesi; Milca Santos; Milena de Simone Honorato; Milena Fassina Oliveira; Milena Geraldo; Milena Linde; Milena Ramalho; Milena Souza; Milene G Santos; Milene Lima; Millena Lisboa; Milton Feth; Milton Paulo; Miquerinos Capuxu; Mirakilania Auta; Mirakilania Auta; Mirela Messinger; Mirele Melo; Mirella Franco de Campos; Mirella Mendes; Mirella Sulpino; Mirelle Sidney; Míriam Cristina Sales; Míriam Silveira; Mirian Andrade; Mirian C Miyahira; Miriane Nicacio; Moara Nunes; Moizes Júnior; Mona Lisa Costa; Monia Magalhães; Mônica Alves; Mônica Antunes de Carvalho; Mônica Cassolo; Mônica Cesar; Mônica Costa; Mônica Honjo; Mônica Lima; Mônica Santos; Mônica Torres; Mônica Yamazato; Monick Freire; Monique Adriane; Monique Dal'bosco; Monique Deparis; Monique Duarte; Monique Silva; Monise Baroni; Morgana Campos; Morgana Lira Joncek; Morgana Schirrmann; Moyra Wandscheer; Moyses Neves; Mozael Sant'ana; Murilo Lóla; Murilo Pinheiro; Mv Santos; Mychell Ribeiro; Mychelle Innwinkl Varella Caggiano; Mylla Hayama; Nacaiana Franz; Naciete Leite; Nádia Paes; Nadielle Sperotto; Nadja Souza; Naiany R. C. Souza; Naiara Pollom; Náidima Arruda; Naira Penteado; Najara Duarte; Nalbert Ribeiro; Nara Paiva; Natal Dias dos Santos; Natália Brum; Natália Brunherotti Barbosa; Natália Clínio; Natália Conti; Natália de Nês; Natália Fernandes; Natália Fonseca; Natália Francisco; Natália Freitas; Natália Freitas; Natália Lacerda; Natália Lima; Natália Lopes Corrêa Cardoso; Natália Máximo; Natália Menezes; Natália Milhomem; Natália Molina; Natália Pereira Viana; Natália Perez; Natália Pinheiro; Natália Sampaio; Natália Santin; Natália Toledo; Natália Vasconselos; Natália Veríssimo; Natália Vieira; Natália Vizcarra; Natalie Covas; Natalie Peixoto; Nátaly Levi; Natana Müller; Natanael Bonfim; Nataniel Rodrigo de Oliveira; Nataniela Vieira; Natasha Loureiro Esperedião; NatÉCia Duarte; Nathália Campos; Nathália Fraga; Nathália Freitas; Nathália Penha; Nathália Sacchelli; Nathália Soares; Nathalie Fontes; Nathalya Guimarães Gobbo; Nathan Arantes; Nathan Cecossi; Natiele Silva; Nayara Barreto; Nayara Bites; Nayara Coelho; Nayara Côrtes; Nayara Gomes de Almeida; Nayara Lopes; Nayara Marinho; Nayara Meneses; Nayara Menezes; Nayara Ramos; Nayara Rodrigues; Nayara Torres; Nayla Andrade; Neander Santos; Neide Alves; Neide Aparecida Oliveira Silva; Neiruelk Norberto; Neli Cavalcante Castro; Nélio Cristo; Nelson Barbosa; Nelson Campos; Nelson Petrin; Nelson Rabelo; Nelson Ubaldo; Nestor Maia; Newlo Nunes; Newton Leão; Nilcéia Pains; NÍlcia La Scala; Nilse R. Pereira; Nilzete Correia; Nina Christina Spíndola Moreira; Nirlia Lima; Noel Almeida; Noel Vila; Noemi Bezerra; Noemi de Jesus; Norma Yegros; Núbia Barbosa; Núbia Carla Santos; Núbia Raquel; Núbya Rodrigues; Nunes Alberto; Núria Macele; Odete Barros; Oldack Júnior; Olga Andrade; Olga Loiola; Olívia Chaves; Omar R. Lerena-Pizarro; Onofre Lacerda; Onofre Saes; Orney Pereira; Osnailton Asevedo; Osvaldo Neto; Otávio Costa; Otávio Melo; Otávio Souza; Oziel da Costa; Pablo da Souza Silva; Pako Trader; Paloma Nogueira; Paloma Oliveira; Paloma Souto; Paloma Tanaka; Pâmela Bandeira; Pâmela Belani; Pâmela Fogaça; Pâmela Griebler de Assunção; Pâmela Katieli; Pâmela Laia; Pâmela Martins; Pâmela Paulino; Pâmela Refundini; Pâmella Gomes; Paola Alencar; Paola ávila; Paola Bovani; Paola Freitas; Paola Lauxen; Paola Linhares; Paola NazÁRio Lopes; Patrícia Akaho; Patrícia Almeida Fernandes Alane; Patrícia Andrade; Patrícia Bastos; Patrícia Bernecule; Patrícia Canziani; Patrícia Capoani; Patrícia Cardoso; Patrícia Carmo; Patrícia Cunha; Patrícia Cobianchi Garcia; PatrÍcIa Costa; Patrícia de Cássia; Patrícia de Souza Lopes; Patrícia do Nascimento; Patrícia Emiko Inoue; Patrícia Félix; Patrícia Fronza; Patrícia Gaspar Sabino dos Santos; PatrÍIcia Gonçalez; Patrícia Granja; Patrícia Hassato; Patrícia Helena; Patrícia Helena de Souza Nascimento; Patrícia Helena Gangi; Patrícia Inácio; Patrícia L Thibes; Patrícia Lemos; Patrícia Lima; Patrícia Marocchio; Patrícia Matos; Patrícia Maurício; Patrícia Michel Soares; Patrícia Miranda; Patrícia Moura; Patrícia Petroli; Patrícia Polese; PatrÍIcia Ramos Siqueira; Patrícia Santos; Patrícia Severian; Patrícia Sousa; Patrícia Veronezzi; Patrícia Volpato; Patrícia Würfel; Patrick Anselmo; Patrick Carvalho; Paty Santos; Paty Volpon; Paula Campos; Paula de Faria; Paula Faria; Paula Fernandes; Paula Fischer; Paula Guerrero; Paula Maluf; Paula Maria; Paula Maria Manhães Pereira Gomes; Paula Medeiros; Paula Melo; Paula Menezes; Paula Miranda Matos; Paula Oliveira; Paula Resende; Paula Santin Mazaro; Paula Scalli; Paula Scherer; Paula Simões; Paula Souza; Paula Tavares; Paula Taysa; Paulo Araújo; Paulo Arcoverde; Paulo Barrionuevo; Paulo Carrillo; Paulo Carvalho; Paulo Ceolin; Paulo Figueiredo;

Paulo Lopes; Paulo Navarro; Paulo Pereira dos Santos Júnior; Paulo Randolpho Monteiro de Barros Vieira; Paulo Roberto Juneras; Pedro Accioly; Pedro Adelino; Pedro Antunes; Pedro Borba; Pedro Dickson; Pedro Estácio; Pedro Felipe; Pedro Freitas; Pedro Gomes; Pedro Gundim; Pedro Henrique Araújo Pereira; Pedro Henrryque; Pedro Higor; Pedro Israel; Pedro Ivo; Pedro Júnior; Pedro Leite; Pedro Martins; Pedro Melaré; Pedro Miguel; Pedro Nogueira; Pedro Raphael; Pedro Tavares; Pedro Valadares; Pedro Villacorta; Pedro F. Dsantos; Peter Carvalho; Peterson Mendes; Phelipe Muniz; Philippe L.h.s.l.l de Rouvray; Phillipe Hillesheim; Phillipe Hillesheim; Poliana Perin Burato; Poliana Ranieri; Polliana Vieira; Pollyana Ribeiro; Polyana Lott; Polyane Santana da Silva; Polyanna Lira; Polyanna Oliveira; Pri Herrmann; Priscila Abadia; Priscila Aieska; Priscila Almeida; Priscila Andrade; Priscila Araújo; Priscila Barboza; Priscila Borgo; Priscila Brasil; Priscila Caversan; Priscila da Silva dos Santos Souza; Priscila Damasceno; Priscila de Castro e Assis; Priscila de Moura Antunes Fuso; Priscila Esteves; Priscila Fernandes; Priscila Imianovsky Arias; Priscila Jorge; Priscila Lopes; Priscila Marques dos Santos; Priscila Mattano; Priscila Munhos; Priscila Nunes; Priscila Oliveira Silva; Priscila Pdinteriores; Priscila Vieira; Priscila Zanquini; Priscilla Arruda; Priscilla Cairo Cardoso; Priscilla Dias; Priscilla Evellin; Priscilla Hirai; Priscilla Lessi; Priscilla Luanda; Priscilla Matiussi; Priscilla Molina; Priscilla Peres; Priscilla Vanin; Providence Mariely; Quécia EmÍDio de Paula; Querli Casanova; Quito Wolf; Rachel Montesinos; Radha Gonçalves; Rafael Aguiar; Rafael Alves; Rafael Amador; Rafael Baldi; Rafael Barntick; Rafael Carlos; Rafael Carvalho; Rafael Castro; Rafael Chiabai; Rafael Cimino; Rafael Colegaro; Rafael Damasceno; Rafael Dutra Franzin; Rafael Farias; Rafael Felipe; Rafael Glória; Rafael Gobetti; Rafael Immediato; Rafael Iwamoto; Rafael Lira; Rafael Luiz; Rafael Muccillo; Rafael Muhamad; Rafael Nascimento; Rafael Oshiro; Rafael Peres; Rafael Petry; Rafael Pimenta; Rafael Rosa; Rafael Sá; Rafael Saturnino; Rafael Souza; Rafael Taboga; Rafael Teixeira; Rafael Vaz; Rafael Vidal; Rafael Waldolato; Rafaela Alves; Rafaela Braga; Rafaela Buczek; Rafaela Cunha; Rafaela Gimenes; Rafaela Góis; Rafaela Gonçalves; Rafaela Hardman; Rafaela Lima; Rafaela Lincoln; Rafaela Lio; Rafaela Lucatelli; Rafaela Martines; Rafaela Martins; Rafaela Sacht; Rafaela Thiesen; Rafaela Troian; Rafaela Vieira; Rafaela Wassmansdorf; Rafaella Ferreira; Rafaella Machado; Rafaella Oliveira; Rafaelle Silva Lima; Rafaelly Santos; Rafah Fischer; Rafhaela Nascimento; Rafic Júnior; Rahoni de Oliveira; Raiana Ralita; Railan Lima; Railane Macedo; Raissa Checcucci; Raíssa de Aquino Rodrigues Ferreira; Raíssa Hissnauer; Raissa Rocha; Raisse Porto; Raiza Lima; Ralene Jardim; Ralione Francisco; Ramid Medeiros; Ramon Costa; Ramon Hequer; Ramon Nogueira; Ramon Oliveira; Ramon Petterson; Ranieri Rodrigues; Ranilse Evangelista; Rantoniel Werneck; Raphael .S Maia; Raphel S Maia; Raphael Alves; Raphael Campos; Raphael Martinez; Raphael Máximo da Motta; Raphael Oliveira; Raphael Parra; Raphael Polleti; Raphael Sacramento; Raphael Torezani; Raphaela Motta; Raphaella Marques; Raquel Azevedo; Raquel Brocco; Raquel Christoff; Raquel Coimbra; Raquel Corrêa Kersbaumer; Raquel Félix; Raquel Galvão; Raquel Gonçalves; Raquel Lima; Raquel Lins; Raquel Marques; Raquel Mignoni; Raquel Morais; Raquel Peralta; Raquel Viana; Raul Braz; Raul Francischeti; Raul Iazpek; Raul Menezes; Raul Tavares; Rayrison Ferreira; Raysa Oliveira; Rê Santana; Rebeca Braga; Rebeca Gibbs; Regiane Amaral; Regiane Cristina; Regiane Scherer; Regiane Tamassia; Regina Cobucci; Regina Freire; Regina Pinheiro; Regina Uchima; Régis Sandrac; Reijane Campos Lima; Reinaldo Hisatugo; Rejane Fernandes; Rejane Moreira; Rejânia Oliveira; Renan Andrade; Renan Assis; Renan Balbi; Renan Correa; Renan Gama; Renan Monteiro; Renan Oliveira; Renan Silva; Renata Akamine; Renata Andrade; Renata Ávila; Renata Barreto; Renata Borges da Silva; Renata Brasil; Renata Castro; Renata Cunha; Renata de Carvalho Freitas; Renata Eufrazio; Renata Führ Volkmann; Renata Galvão; Renata Gomes; Renata Juliane; Renata Larissa Pires de Oliveira; Renata Lemos; Renata Lima; Renata Lopes S. Oliveira; Renata Luciane de Oliveira; Renata Madeira; Renata Magalhães; Renata Marques; Renata Martins; Renata Melo de A. B. Ramalho; Renata Mendes R. Oliveira; Renata Missiatto; Renata Modenesi; Renata Monteiro; Renata Nascimento; Renata Nogueira de Oliveira; Renata Norberto; Renata Nunes; Renata Pitta; Renata Rabetti; Renata Raiser; Renata Rodriguez; Renata Santaroni; Renata Santucci; Renata Trivilini; Renata Umbelino; Renata Valdes; Renata Xavier; Renato Bordezan; Renato Dias de Sousa; Renato Mareque; Renato Mendes; Renato Monteiro; Renato Oliveira; Renato Santiago; Renato Santos; Renato Thives; Renayra Araújo; Renisa Raso; Renny Maltez; Rhafaelly Palmeira; Rhaiany Ramos; Rhayanne Cardoso; Rhayd Galli; Rhony Guimarães; Rianna Peixoto; Ricardo Amaral; Ricardo Andrade; Ricardo Angelo Andolfato; Ricardo Araújo; Ricardo Aresso Zalamena; Ricardo Baldo; Ricardo Bertão; Ricardo Carneiro de Araújo; Ricardo Cavenatti; Ricardo Feliciano; Ricardo Fracini; Ricardo Gomes; Ricardo Júnior; Ricardo Marques; Ricardo Moraes; Ricardo Peçanha; Ricardo Stinchi; Ricardo Trinci; Riccardo Mosconi; Richard Gohr; Richard Lima; Richard Muffato; Richard Oliveira; Rickson Lima; Rinaldo Alves; Rinaldo de Paula; Rita Antunizz; Rita Bitencourt; Rita Cassia; Rita de Cássia; Rita de Cássia Abdala Rodrigues; Rita Esperança; Rita Golz; Rita Lima; Rita Oliveira; Rita Ribeiro; Rita Rosário; Rita Soares; Roana D'ávila; Roana Reboredo; Robério Pinheiro; Roberson Nascimento; Roberta Almeida Elias; Roberta Alves do Nascimento; Roberta Chaves; Roberta Colatino; Roberta Kelly Serafim; Roberta Krug; Roberta Medeiros; Roberta Mingote; Roberta Reitz; Roberta Rosa; Roberta Stock; Roberta Tenório; Roberto Araújo; Roberto Bianchini; Roberto Cunha; Roberto Delmiro; Roberto Ferreira; Roberto Leite; Roberto Magno; Roberto Pio; Roberto Puccini; Robertson Ferreira de Oliveira; Robiel Vieira; Robinho Oliveira; Robinson Garcia; Robson Carvalho; Robson dos Santos; Robson Fabiano Cruz; Robson Ferreira; Robson Jorge; Robson Luís de Lima Pinto; Robson Mendonça; Robson Nascimento; Robson Santos; Robson Vellado; Rodneia Feitosa; Rodney Gomes; Rodolfo Bonela; Rodolfo Cretton; Rodrigo Augusto; Rodrigo Boufleur; Rodrigo Bustamante; Rodrigo Cabral; Rodrigo Cassiano; Rodrigo Castro; Rodrigo Crevelari; Rodrigo D'amico de Moraes; Rodrigo de Matos Alves; Rodrigo Emanuel; Rodrigo Evangelista; Rodrigo Gonçalves; Rodrigo Gonzalez; Rodrigo Magalhães; Rodrigo Mathubara; Rodrigo Mizokami; Rodrigo Moreira Barboza; Rodrigo Nery; Rodrigo Oliveira; Rodrigo Ovídio; Rodrigo Pedra; Rodrigo Peterson; Rodrigo Pyramo Boff; Rodrigo Rolins; Rodrigo Sanches; Rodrigo Scalon; Rodrigo Toledo; Rodrigo Trumperes; Rodrigo Vitoriano; Rogelio Nonato; Rogens Antonucci; Roger Ramos; Rogério Coutt; Rogério Mescolote; Rogério Miranda; Rogério Rabelo; Rogério Silva; Romário Souza; Romero Rocha; Rômulo Aldo; Rômulo Antony; Rômulo Juliani; Rômulo Ordine; Rômulo Venâncio; Ronaldo Gontijo; Ronaldo Haberly; Ronaldo Haberly; Ronaldo Hertel; Ronaldo Ormundo; Ronan Matheus; Rone Ribeiro Ferreira; Ronny Rosa; Roque Xavier; Rosa Simões; Rosa Wagner; Rosalina Selau; Rosana Boese; Rosana de Souza; Rosana Gemaque; Rosana Hensel; Rosana Rosso; Rosana Tambosi; Rosane Andrade; Rosane Bispo; Rosane Borowski; Rosane Zanardo; Rosângela Alves da Costa; Rosângela F. Soares; Rosângela Henriques; Rosângela Matias; Rosângela Santana; Rosângela Santos; Rosângela Silva; Rosângela Tasca; Rosângia Letízi; Rose Caixeta; Rose Gavanasukas; Roseli Cardoso; Rosi Dane; Rosiane Freitas; Rosiani Duarte; Rosicléia Santos; Rosilâine C. Teixeira; Rosineide Pereira; Rosita Arantes; Rozane Pereira de Souza; RozÂNgela Oliveira; Roze Medeiros; ; Ruan Dyego; Ruana Tavares; RÚBia Freire; Rúbia Jerônimo; Rúbia Paula Teixeira; RÚBia Zavaschi Soligo; Rubilar Borges; Rudy Bordini; Ruth Rufino; Rútilla Tayná; Ruy Lemos; Rychard Couto; Rychardson Nascimento; Sabrina Cavalcante; Sabrina Cheffer; Sabrina Cipriano; Sabrina Domingues; Sabrina Girotto; Sabrina Heloisa; Sabrina Lorenski Ferreira; Sabrina Melo; Sabrina Moreira; Sabrina Neves; Sabrina Oliveira; Sabrina Souza; Salatiel Cardoso; Samanta Teixeira; Samantha Rodrigues; Samara Morais; Samara Santos; Sâmea Souza; Sâmia Lino; Samili Mendes; Samira A. Sagaz; Samira Braga; Samuel Gimenes; Samuel Vitor; Samyah Hammoud; Sanclei Maito; Sanddra Braga; Sandra Andreotti; Sandra Bandeira; Sandra Fogaça; Sandra Galdina; Sandra Lira; Sandra Nascimento; Sandra Negrão; Sandra Oliveira da Silva; Sandra Perrejil; Sandra Rosa; Sandra Sager; Sandra Silva; Sandra Vidal; Sandro Faria; Sandro Lobato; Sandro Souza; SÂNgela Vieira; Sanielly Onofre; Sara Barcelos; Sara Caldas; Sara Lopes; Sara Máximo; Sara Morais; Sarah MaurÍLio; Sarah Moreira; Sarah Rachel; Sarandresa Souza; Saulo Abreu; Saulo Campolina França; Saulo Moura; Sávia Durães; Sayonara Araújo; Sayonara Monteiro; Sayuri Uesu; Scarllat Morais; Scheia Stihler; Selma Marques; Sérgio Favilla; Sérgio Júnior; Sérgio Matheus; Sérgio Pessoa; Sérgio Spitzner Jr.; Serjana Rodrigues; Sharon Wendy; Sheila; Sheila Alencar; Sheila Araújo; Sheila Botton; Sheila Cordeiro; Sheila Góes; Sheila Gusmão; Sheila Rodrigues; Sheila Santana; Sheila Silva; Sheila Silva Duarte; Sheila Simões; Sheila Simone; Sheila Tazinazzo; Sheila Telhada; Shirleide Vitória; Shirlene Vitorino Dantas; Shirley Castilho; Shirley Mota; Shirley Pacheco da Rocha; Shirley Roriz; Shirley Santos; Sibele Galvão; Sidnei Baroni Júnior; Sidnei Rodrigo dos Santos; Silas Henrique; Sildgrei Ferreira; Sildisi Moreira; Sildro; Silmara Aguiar; Silmara Baroni; Silvana Amodio; Silvana Lessa; Silvana Sousah; Silvana Tártaro; Silvana Valério; Silvania G. Araújo; Silvanila Queiroz; sílvia Andrade; sílvia Closs; sílvia de Jesus Santos Lamberto; sílvia Deryan; sílvia Kusaba; Sílvia Leindecker; sílvia Lima; sílvia Martins; Sílvia Mendes; Sílvia Sampaio Valverde; sílvia Sanches; sílvia Silva; Sílvio Medeiros; sílvio Nascimento; Simone Almeida; Simone Cortez; Simone Curi; Simone Davel; Simone Franco; Simone Gonçalves; Simone Kosciuk; Simone Kubota; Simone Lara; Simone Lima; Simone Lorena; Simone Lourena; Simone Nascimento; Simone Peccini; Simone Piubello; Simone Quirino; Simone Salvador; Simone Santos; Simone Silveira; Simony Varella; Sinclair Marquardt; Singrid Pôncio; Sirlane Pereira; Sirleide Andrade; Sirlen Campos Freitas; Smyrna Yamashita; Soares Raquel L. A.; Socorro

Rufino; Soéli Brach; Sofia Araújo de Barros; Sol Kamphorst; Solange Del Vecchio; Soloniel Costa; Sonia da Silva; Sônia Veridiane; Sonia Zittlau; Sonilda Sacardo; Soraia Feth; Soraya Florim; Stefanie Sousa; Stefanie Zanini; Stefano Bianchi; Stefany Cavalcanti; Stella Guerra; Stella Ramos; Stephan Alves; Stephan Toniato; Stéphane Lorrany; Stephani Klabunde; Stephanie Aguiar; Stephanie Fernandes Mandu; Stéphany Raizer; Sthefani Neves; Sthefânia Vicente; Sueldo Sales; Suelem Lobo; Suelen Aparecida Batista da Silva; Suelen Bonatto; Suelen Carrijo; Suelen Magalhães; Suelen Pequeno; Sueli Brandão; Sueli Muzaiel; Sueli Sabino; Suelle Ribeiro; Suellen Belani; Suellen Lemes; Suellen Puccini; Suellen Saragiotto; Susan Queiroz Dantas; Susana Bilro; Susiane Rodrigues; Suyanne Mota; Suzana Oliveira; Suzana Rocha; Suzana Silva; Suzana Siqueira; Suzana Sobral; Suzane Freitas; Suzane Gomes; Suzanne Kauane Rios; Suzanny Blanc; Suzete Amorim; Suzi Darlen; Suzygley Gomes Baleeiro Bitencourt; Taci D'ávila; Taciana Araújo; Taciana Giovani; Taciane Freiria; Taciane Russi Sanchez; Tácyla Assis; Taelise Morais; Tahinara Sanferry; Taiana Godinho; Taianne Marya; Taijana Ferreira; Taillan Ciceri; Taironny Maranduba; Taís Costella; Taís do Amaral; Taís Zavareze; Taíssa Braga; Taíza Fidelis; Tales Marañga; Taline Klaumann; Talissa Amaral; Talita Banhos; Talita Cardoso; Talita Cezareti; Talita Dantas; Talita Manzano; Talita Neris; Talita Rodrigues; Talitha Queiroz; Talles Gustavo; Tályta Porto Frades de Miranda; Tamara Morena; Tamara Rodrigues; Tamara Simões; Tamilla Dourado; Tamires C. Sá; Tamyris Cossermelli; Tânia Brandão; Tânia Cruz; Tanise D. Cassiano; Tarsila Rocha; Tássia Félix; Tássia Rodrigues; Tássia Silva; Tassiana Scarati; Tathiane Amorim; Tathiane Artioli; Tathyane Calil; Tati Alencastro; Tati Malhado; Tatiana Bencivenga; Tatiana Cruz; Tatiana da Silva Costa; Tatiana Erlacher; Tatiana Ferro; Tatiana Furtado Gonçalves M. de Lima; Tatiana Hermida Lamosa; Tatiana Huff; Tatiana Lima; Tatiana Lopes; Tatiana Martins; Tatiana Rabello; Tatiana Ruas de Araújo; Tatiana Santos; Tatiana Vicente; Tatiana Vila Nova de Carvalho; Tatiana Zardo; Tatiane Abreu; Tatiane Alencar; Tatiane Amorim; Tatiane da S. Monteiro; Tatiane Hörbe; Tatiane Ianaconi; Tatiane Lacerda; Tatiane Machado de Souza Peres; Tatiane Moura; Tatiane Nascimento; Tatiane Pessoa; Tatiane Pires; Tatiane Raddi; Tatiane Schiavinatto; Tatiane Silva; Tatiane Tavares; Tatiane Vogt; Tatiele Voltz; Tatilene Brito; Taty Alves; Tatyane Pedreira; Tayana Cunha; Tayanne Mello; Tayná Andrade; Tayssa Hermont Ozon; Tedilamar Arfox; Teo Rocha; Teresa Molina; Tereza de Oliveira; Tereza Vasconcellos; Thábata Lourenço; Thábata Von Söhsten; Thaianne Borges; Thaila Pacheco; Thainá Jassek; Thainara Assis; Thaís Acsa; Thaís Alexandria; Thaís Araújo de Novais; Thaís Bartholomeu da Silva; Thaís Benevides; Thaís Campos; Thaís Castro; Thaís Cossermelli; Thais de Sá; Thaís Duarte; Thaís Elara; Thaís Esmerini; Thais Freitas; Thaís Giuliani; Thaís Harumi Miyabara Ohara; Thaís Liberato; Thaís Lima; Thaís Lorrany Caixeta; Thaís Magnani; Thaís Manoel; Thaís Morettin; Thaís Naiara; Thaís Pereira; Thaís Regal; Thaís Rodrigues; Thaís S. Neves; Thaís Sales; Thaís Soares; Thaís Werner; Thaísa Quirino; Thaísa Ramos; Thaíse Germano; Thaísi Sousa; Thaisys Blanc; Thaíza Nacaxe; Thales Ribeiro; Thalita Araújo; Thalita Teixeira; Thallita Sena; Thallys Santos; Thalyta Lopes; Thalyta Robson; Thamara Dantas; Thâmara Freitas; Thamara Mello; Thamara Pires; Thamires Laranjeiras; Thamires Lúcia; Thamíris Coelho; Thamise Bezerra; Thamyres Thuler; Thariane Maciel; Tharick Llobet; Thati Dias; Thatiana Bezerra; Thatiana Castanho; Thaty Abrahim; Thayane Pizzonia; Thayrine Nogueira; Thays Abreu; Thays Cubos; Thays Seabra Rezende de Carvalho Nascimento; Thayse Ribeiro; Thayz Silva; Thelma Kodama da Silva; Thiago Andrade; Thiago Avelino; Thiago Brito; Thiago Bud; Thiago Caputo; Thiago Chaves; Thiago de Morais; Thiago de Oliveira; Thiago Dias; Thiago Fogo; Thiago Freitas; Thiago Giroldo; Thiago Gouveia; Thiago Lopes Arcanjo; Thiago Matheus; Thiago Meira; Thiago Monteiro; Thiago Moreira; Thiago Mota; Thiago Nunes; Thiago Oliveira; Thiago Pio; Thiago Rossi; Thiago Sales; Thiago Sanderson; Thiago Santos da Silva; Thiago Sarkis; Thiago Tinoco Alves; Thiago Viana; Thiago Vilela Falaschi; Thiagodos Ribeiro; Thiciana Kirsch; Thobias Rodrigues Pereira da Silva; Thomas Guilherme Santos de Oliveira; Tiago Amaro; Tiago Antunes; Tiago Azeviche; Tiago Bisesti; Tiago de Azevedo; Tiago Felipe; Tiago Ferreira; Tiago Galindo; Tiago Moraes; Tiago Oliveira Santos; Tiago Pacheco; Tiago Sampaio; Tiago Solano; Tiago Tomazini; Ticiane Vasconcelos Ribeiro; Ticiane Zanela; Tico - Asi; Tifani Assis; Tilene Santos; Ton Silva; Tracy Nogueira; Tuane Aissa; Tuci Couto; Túlio Justo; Túlio Vilany; Tulyo Antônio; Tulyo Antônio; Ubiratan Santos; Uelinton Passos; Ulisses Maia; Vagner Bodytri; Vagner Ricardo Centenaro; Vagner Souza; Val Melo; Valdécio Gondim; Valdecírio Filho; Valdelino Magalhães; Valdênio Rufino da Silva; Valdevan Albuquerque; Valentine Laureanti; Valéria Barreto; Valéria Cristina Guimarães; Valéria Gazire; Valéria Kraemer; Valéria Lima Alves de Souza; Valéria Marocchio; Valéria Raybolt; Valéria Santos; Valêssa Queiroz; Valmir Santos; Valmor Cordeiro; Valquer Rodrigues da Silva; ValquÍRia dos Santos; ValquÍRia Silva; Valteir Júnior; Vanderlei Paula; Vanderleia Venite; Vanderson Almeida; Vanessa Aragão; Vanessa Araújo; Vanessa Ariyoshi; Vanessa B. B. de Assis; Vanessa Back; Vanessa Bedia; Vanessa Braga; Vanessa C Gimenez; Vanessa Carrilho; Vanessa Costa; Vanessa Cruz; Vanessa da Silva Santos; Vanessa Dalmora; Vanessa Dantas; Vanessa de Castro Batista; Vanessa de Freitas Araújo; Vanessa Domingues; Vanessa Esteves; Vanessa Euleotério; Vanessa Eusébio; Vanessa Fernandes; Vanessa Ferreira; Vanessa Godói Peres; Vanessa Godoy; Vanessa Lemos; Vanessa Lopes; Vanessa Magalhães; Vanessa Martins; Vanessa Meneses; Vanessa Moraes; Vanessa Oliveira; Vanessa Pereira; Vanessa Pires; Vanessa Procópio; Vanessa Rainha; Vanessa Ribeiro Oliveira; Vanessa Rodrigues Boff; Vanessa Saranzo; Vanessa Schmitt; Vanessa Scotton; Vanessa Silva; Vanessa Spinassi; Vanessa Teixeira; Vanessa Tigre; Vanessa Toledo; Vanessa Wildner; Vaneza Raysila; Vania Araripe; Vânia Assedreane; Vânia Beati; Vânia Grossi; Vânia Ortega; Vânia Santos; Vaniely Cirino; Vannuza Nascimento; Vanusa de Souza; Vanusa Toledo; Vanuza Carluccio; Vanuza Lolatto; Vera Bijkerk; Vera Calixto; Vera Cipolli; Vera Corrêa; Vera Penteado; Verônica Fonte; Verônica Santos; Verônica Tessele; Veruska Bernardes; Veruska Furtado; Victor Azevedo; Victor Carneiro; Victor Cerqueira; Victor Gonçalves; Victor Hugo Rodrigues Bassanesi; Victor Jacomini; Victor Mendes; Victor Nascimento; Victor Pedrosa; Victor Rovero; Victor Silva; Victor Sobral Feichas Cabral; Victória Ferandini; Victória Maria; Victória Santos; Vilciane Sebben; Vilenia Morais; Vilmex Schuvebex; Vinícius Jesus; Vinícius Ayres; Vinícius Canto; Vinícius Chagas; Vinícius Chonti; Vinícius Cordeiro; Vinícius Costa; Vinícius Dauerbach; Vinícius Fiebig; Vinícius Góes; Vinícius Januário; Vinícius Malgarin; Vinícius Mateus; Vinícius Nascimento; Vinícius Pimenta; Vinícius Salazar; Vinícius Santos; Vinícius Tognetti; Vinícius Uraitan; Vinnicios Brumatti; VirgÍLio Silva; Virgínia de Paula; Vítor Alexandre; Vítor Camilo; Vítor Costa; Vítor Davoglio; Vítor Fransozi; Viitor Mafra de Oliveira; Vítor Peroni Custódio; Vitor Rodrigues; Vitor Volpon; Vitória Alves; Vitória Barbosa; Vitória Callot; Vitória Calvo; Vitória Delar; Vitória Mesquita; Vitória Moreira; Vívian Duarte; Vívian Fernandes; Vívian Jardim; Vívian Molinari; Vívian Ramos; Vívian Shimazaki; Viviane Airoso; Viviane Bleichuveh; Viviane Borges; Viviane Busato; Viviane Cordeiro; Viviane Dantas; Viviane Fancin; Viviane Gomes; Viviane Lima; Viviane Marcos; Viviane Montevéqui; Viviane Rosa; Viviane Santos; Viviane Silvestre; Viviane Soares; Viviane Suhett; Viviane Teixeira de Abreu Martins; Viviane Trolesi; Viviani Corrêa; Vivvanne Landin; Vivyane Aparecida Silva Sousa Oliveira; Wagner Barbalho Jr.; Wagner Bernardino; Wagner da Silva; Wagner Fernandes; Wagner Filho; Wagner Nagy; Wagner Paraguay; Wagner Pereira de O. Silva; Wagner Ramalho; Wagner Takada; Walas Dias; Waldemiro Michels Júnior; Waldir Gabriel; Waleska Chaban; Waleska Perônico; Walker Edberg; Walléria Sampaio; Walquíria Nascimento; Waltencir Andrade; Wanda Pavanello; Wanderson Gonçalves; Wanderson Lima; Wanelson Magalhães; Wanessa Kelen; Wany Neiva; Warlem Freire; Welber Oliveira; Welisson Moura; Wellington Caires; Wellington Chaves; Wellington Firme; Wellington Fróes; Wellington Gonçalves; Wellington Lima; Wellington Martins; Wellington Teixeira; Wellinton Mota; Welliton Alves da Silva dos Santos; Wendel Silva; Wendel Vieira; Wenderson Barros; Werner Bezerra; Wesley Matheus Venâncio de Azevedo; Wesley Nofmugiwaraboy; Wesley Pires; Wesley Zanini; Weslley Santos; Wezia Lopes; Whatllyany Barros; Wilde Horácio Lopes; Wilker Rodrigues; Wilkerson Mesquita; William Brusamarello; William Cruz; William de Melo Strabeli; William Farina; William Menino Maroto; William Morato; William Oliveira; William Reis Amaro; William Santos; William Vasconcelos; Willian Almeida; Willian Alves; Willian Arnold; Willian Bernardinelli; Willian Drebes; Willian Raquino; Willian Silva; Wilma Gonçalves Mendonça; Wilma Kelly; Wilnette Dias; Wilson Júnior; Wilson Maza; Wilton Tenório; Xandra Caetano; Ximena Alvarez de Toledo; Yago Brito; Yago Gusmão; Yago Iglesias; Yam Lopes; Yanne Filgueira; Yasmim Magalhães; Yasmim Valim; Yasmim Viel; Yasmin da Costa Gomes; Yasmin Lopes; Yasmin Mello; Yasmin Nobre; Yasmin Souza; Ygor Feitosa; Ylanna Vargas; Yordana Naciff; Yulia Kastorsky; Yvane Helbing; Zazá Braga; Zildene Vale; Zita Cruz; Zoraide Barros Coutinho; Zucileide Ramos; Zuila Costa; Zuleide Maia.